天守

姫路城

↓P32

江戸時代の姿をそのまま残す
優美な連立天守群

石垣

松本城

→ P34

増築によってうまれた
武骨さと優雅さのハーモニー

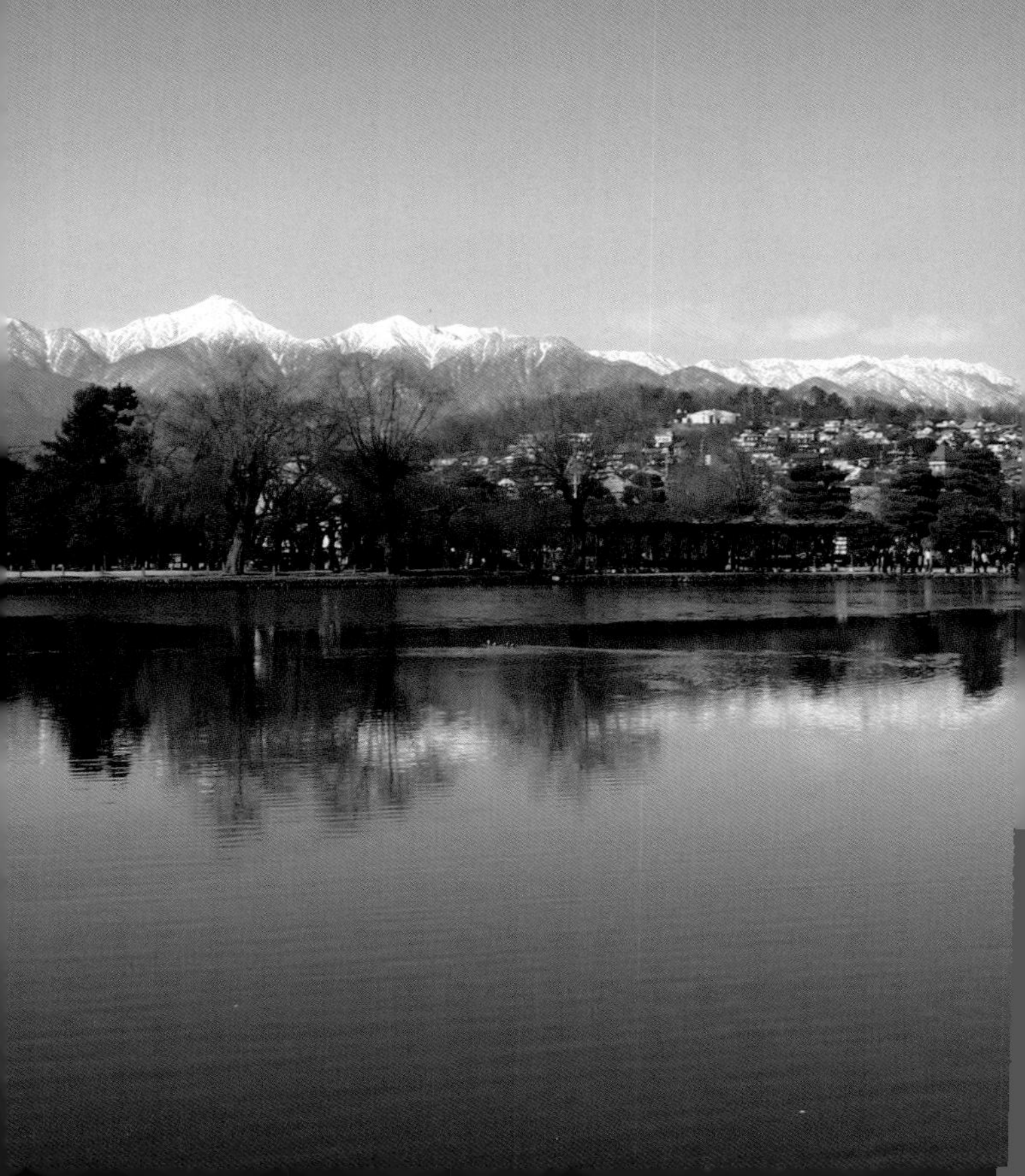

石垣

丸亀城

↓P134

二三段の石垣から
瀬戸内海をにらむ天守

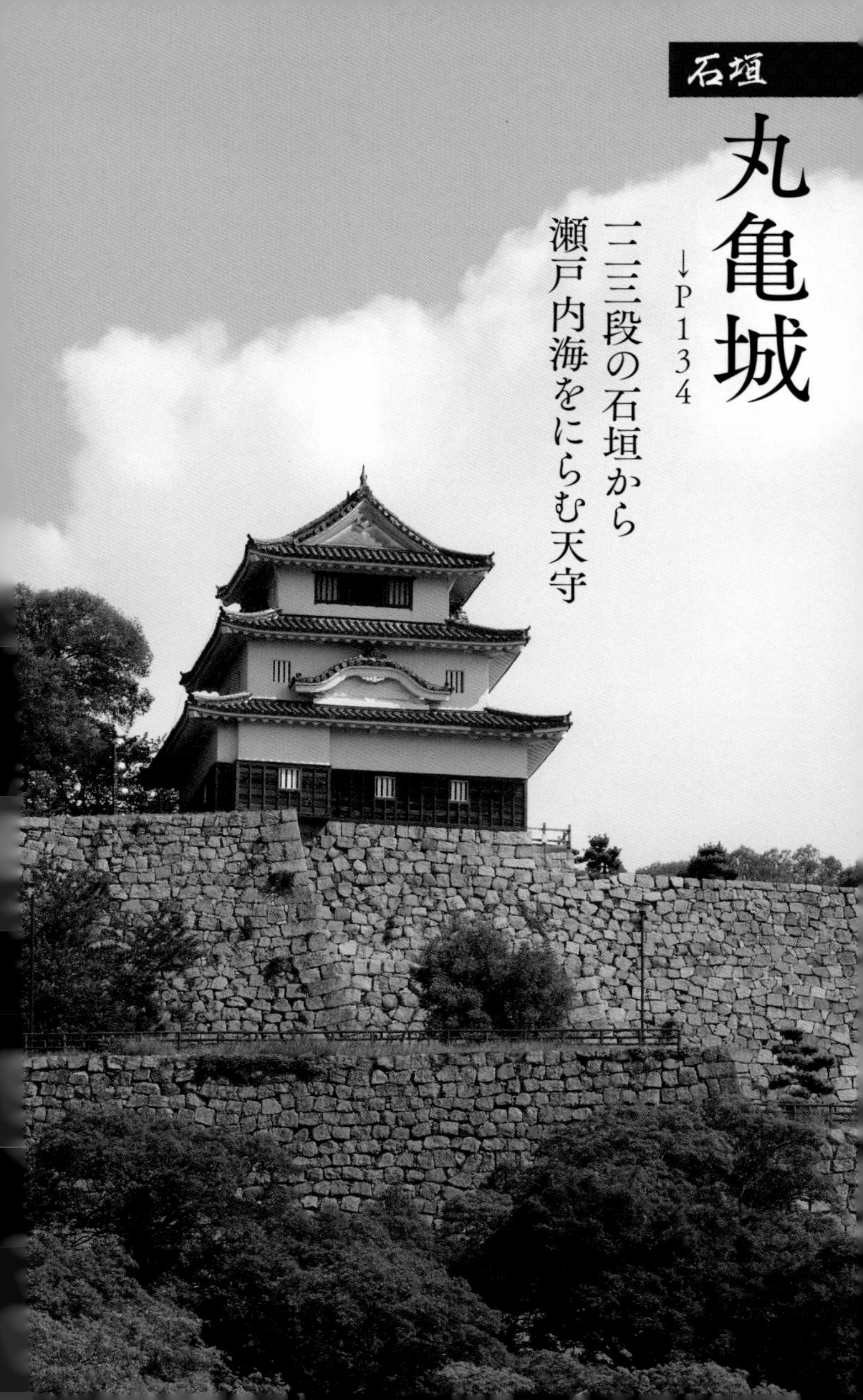

石垣
岡城
→ P136
かつての栄華を偲ばせる
断崖に折り重なる高石垣

雲海

竹田城

→ P72

早朝にだけ出会える
雲の海に浮かぶ"天空の城"

桜

犬山城

→P196

国宝天守を彩る
薄紅色の花化粧

紅葉

郡上八幡城

→ P86

山一面を飾る野山の錦が
白亜の復興天守を燃え立たせる

御殿建築の美

名古屋城

→ P36

戦災で奪われた絢爛な御殿が
伝統技術で現代によみがえる

山城の守り

諏訪原城

→ P68

巨大馬出を造ったのは
武田氏か徳川氏か

山城の守り

滝山城

→ P64

曲輪をめぐる深い堀は
一度落ちたら上がれない!?

山城の守り

山中城

↓P124

北条氏の最新技術で守るも
天下人の大軍に敢え無く敗北

城主

仙台城

↓P92

穏やかな日々を送る市民を
今なお見守る独眼竜

宮城県観光課提供

「物語」と「景観」で読む日本の城100

かみゆ歴史編集部

イースト新書Q
Q070

はじめに

日本にはいくつ城があるかご存じだろうか。驚くなかれ、3〜4万ともいわれる城が残っているとされる。多くの人がイメージする姫路城（↓P32）や大阪城（↓P12）のような天守の建つ城はわずか数％で、大半は本書でも紹介している鳥取城（↓P118）や杉山城（↓P62）のような山城だ。城は無数にあるだけに、歴史や武将との関わりを調べる、天守と四季を愛でる、攻略方法を考察するなど、様々な楽しみ方ができる。

本書では、全国にある城から100城を厳選。章ごとに美しい建物を持つ城、高い防御力を持つ城、有名武将の城などのテーマを設定して紹介している。

まず第1章では、日本史上で大きな役割を果たした城を紹介。織田信長の居城・安土城（↓P10）や西南戦争の舞台である熊本城（↓P26）などが登場する。また、第5章では有名武将の城、第6章では合戦の舞台となった城など、歴史的な魅力が詰まった城がラインナップ。歴史に興味があるなら、まずはこの三つの章へ。

「城といえば絢爛豪華な天守が見たい！」という人は、第2章から読もう。豪華な天守や御殿などを持つ城が目白押しだ。前述の姫路城もここで紹介している。また、第7章では石垣の城を紹介。日本有数の高さを誇る伊賀上野城（↓P132）や岩盤を利用した荒々しい苗木城（↓P138）の石垣などが堪能できる。

SNS映えする城を知りたいなら、城で出会える絶景を紹介する第4章や、あっと驚く場所に建つ城を取り上げた第9章、情緒あふれる城下町を歩く第10章がオススメだ。4章では、最近話題の雲海や春の風物詩である桜と城の共演など、心が震えるような絶景に出会えるだろう。9章は一風変わった景色を持つ城が登場。あなたは城のなかを通る電車や厳重な水堀に囲まれた役所を見たことがあるだろうか？ 10章では、あなたの旅情を誘う、江戸時代の風景が残る街並みに出会えることだろう。

ほかにも、第3章では城の本分である堅い防御を持つ城を紹介。櫓や堀の配置で敵を巧みに殲滅する先人の知恵が存分に味わえる。ぜひ攻め手の視点で読み進めていただきたい。怪談や伝説に興味があるなら、第8章へ行こう。城に棲む恐ろしい化け物や悲しい落城伝説が待っている。

このように、本書では城の魅力を余すところなく解説している。これまでとは違った角度から城を楽しみ、機会があれば実際に城を訪れていただきたい。

かみゆ歴史編集部

●「物語」と「景観」で読む 日本の城100 目次

4章 思わず息をのむ絶景が楽しめる城 10選

5章 人気戦国武将の居城 10選

6章 激闘！ 合戦の舞台となった城 10選

7章 圧倒的な迫力！ 巨大石垣がそびえる城 10選

8章　げに恐ろしき　怪談・伝説が残る城　10選

9章　ここも城なの？　あっと驚く光景が見られる城　10選

10章　歴史情緒あふれる　城下町が残る城　10選

◎本書は『「戦」と「美」で読む日本の城１００選』を加筆、改題、再編集したものです。

本書の見方

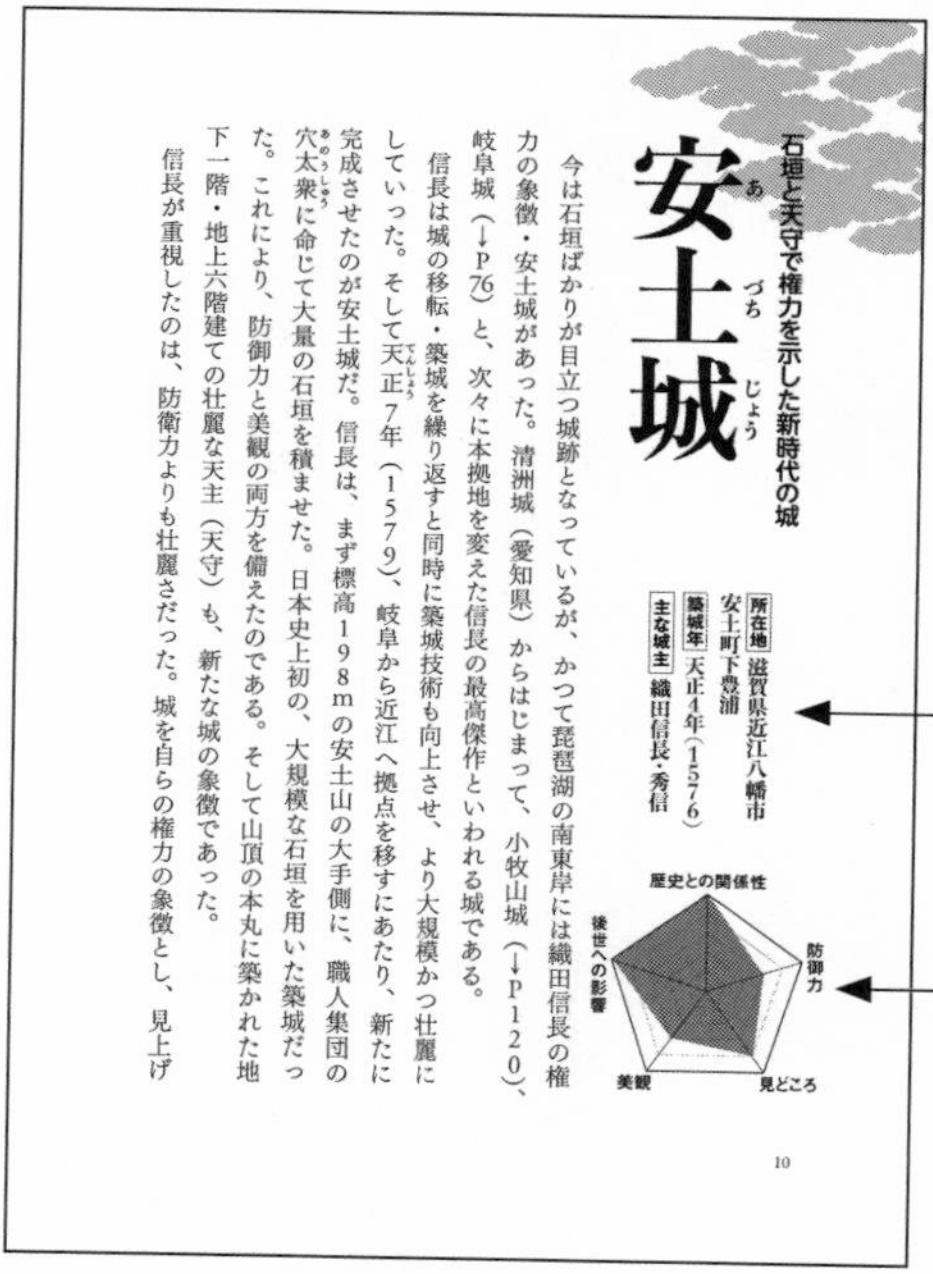

石垣と天守で権力を示した新時代の城

安《あ》土《づち》城《じょう》

所在地　滋賀県近江八幡市安土町下豊浦
築城年　天正4年（1576）
主な城主　織田信長・秀信

今は石垣ばかりが目立つ城跡となっているが、かつて琵琶湖の南東岸には織田信長の権力の象徴・安土城があった。清洲城（愛知県）からはじまって、小牧山城（↓P120）、岐阜城（↓P76）と、次々に本拠地を変えた信長の最高傑作といわれる城である。

信長は城の移転・築城を繰り返すと同時に築城技術も向上させ、より大規模かつ壮麗にしていった。そして天正《てんしょう》7年（1579）、岐阜から近江へ拠点を移すにあたり、新たに完成させたのが安土城だ。信長は、まず標高198mの安土山の大手側に、職人集団の穴太衆《あのうしゅう》に命じて大量の石垣を積ませた。日本史上初の、大規模な石垣を用いた築城だった。これにより、防御力と美観の両方を備えたのである。そして山頂の本丸に築かれた地下一階・地上六階建ての壮麗な天主（天守）も、新たな城の象徴であった。

信長が重視したのは、防衛力よりも壮麗さだった。城を自らの権力の象徴とし、見上げ

10

①紹介する城の情報
【所在地】…城の住所を記載
【築城年】…築城開始年、または城が完成した年を記載
【主な城主】…主な城主を記載

②城の来歴や構造を5段階で評価したチャート
【歴史との関係性】…日本史との関わりの深さを評価
【防御力】…構造や地形などから防御力を評価
【見どころ】…遺構や見どころの多寡を評価
【美観】…遺構や建物の美しさや四季の景観を評価
【章テーマ】…各章の内容に沿って設定したテーマで城を評価

注意
・遺構名は、原則各城の表記に従う
・大阪・大阪城は、明治時代以前は「大坂・大坂城」と書くのが正しいが、本書では表記上の混乱を避けるため、「大阪・大阪城」に統一する

1章

日本史を変えた名城 10選

安《あ》土《づち》城《じょう》

石垣と天守で権力を示した新時代の城

所在地 滋賀県近江八幡市安土町下豊浦
築城年 天正4年（1576）
主な城主 織田信長・秀信

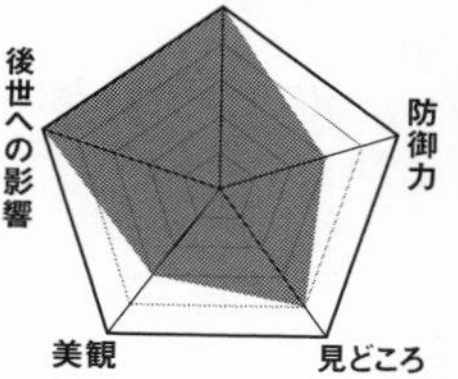

今は石垣ばかりが目立つ城跡となっているが、かつて琵琶湖の南東岸には織田信長の権力の象徴・安土城があった。清洲城（愛知県）からはじまって、小牧山城（→P120）、岐阜城（→P76）と、次々に本拠地を変えた信長の最高傑作といわれる城である。

信長は城の移転・築城を繰り返すと同時に築城技術も向上させ、より大規模かつ壮麗にしていった。そして天正《てんしょう》7年（1579）、岐阜から近江へ拠点を移すにあたり、新たに完成させたのが安土城だ。信長は、まず標高198mの安土山の大手側に、職人集団の穴太衆《あのうしゅう》に命じて大量の石垣を積ませた。日本史上初の、大規模な石垣を用いた築城だった。これにより、防御力と美観の両方を備えたのである。そして山頂の本丸に築かれた地下一階・地上六階建ての壮麗な天主（天守）も、新たな城の象徴であった。

信長が重視したのは、防衛力よりも壮麗さだった。城を自らの権力の象徴とし、見上げる

大手門から山上へのびる長大な大手道。道の脇には、羽柴（豊臣）秀吉など重臣の屋敷が連なっていたという

者を圧倒する「見せる城」にしたのだ。また、この安土城から見て北岸に甥・津田信澄《つだのぶずみ》の大溝城、北東に羽柴（豊臣）秀吉の長浜城、南西に明智光秀の坂本城（いずれも滋賀県）を築き、水運と京への交通路を城郭網によって確保する機能も持たせた。

本能寺の変の後、まもなく安土城は焼け落ちたが、その後の城に石垣や天守などが相次いで築かれたように、後世に与えた影響は大きい。現在、安土城は南の大手側からのびる石積みの階段がきれいに整備され、天主台まで登ることができる。また搦手（裏口）には、信長が建てた摠見寺《そうけんじ》の三重の塔や二王門（重要文化財）が現存し、往時の面影を宿している。

大《おお》阪《さか》城《じょう》

豊臣から徳川の城へ転じた巨大城郭

所在地 大阪府大阪市中央区大阪城
築城年 天正11年（1583）
主な城主 豊臣秀吉・秀頼など

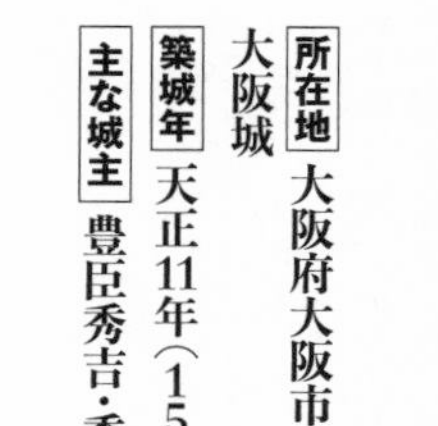

古くからの港湾都市であり、天下の台所として栄えた大阪。その大阪には、大阪湾に面して畿内随一といわれた城郭・石山本願寺があった。信長はここに新たな拠点を築こうと考えていたが本能寺で討たれた。そして、その志は豊臣秀吉が受け継ぐことになった。

天正《てんしょう》13年（1585）、秀吉は総石垣造り、五重六階の天守を中心とする大城郭を完成させる。安土城（↓P10）と並ぶ「織豊系城郭」の先駆けとされる城の誕生だ。信長の安土城は山の背後に自然の地形を残していたが、大阪城は本丸から二の丸まで完全に石垣で固められ、それを二重の堀で囲み、城下町を取り込んだ。見せるだけでなく、防衛も万全な天下人の城であった。秀吉に服した大名らは、これにならって自分の領地に天守と石垣を持つ城を築く。蒲生氏郷《がもううじさと》の黒川城（会津若松城／↓P22）、山内一豊《やまのうちかずとよ》の掛川城（静岡県）、毛利輝元《もうりてるもと》の広島城（広島県）などが好例である。

現在も大阪城は、豊臣秀吉を慕う大阪府民から「太閤はんの城」と呼ばれ愛されている

安土城や江戸城（↓P18）と異なり、大阪城は激戦の舞台にもなった。秀吉の死後に江戸幕府を開いた徳川家康は、秀吉の後継者である秀頼が住む大阪城を二度にわたり攻撃し（大坂の陣）、豊臣氏を滅ぼした。さらに、江戸幕府はこの戦いで破壊された大阪城を埋め立て、その上から新たな城を築く。こうしてできた徳川大阪城は、三期にわたる天下普請《てんかぶしん》で築きあげられ、豊臣から徳川の天下となったことを上方にも知らしめた。その後、落雷や火災、幕末の鳥羽伏見の戦い、太平洋戦争の空襲などで建物の大半が失われたが、1931年に豊臣大阪城をモデルに復興された天守は健在で、大阪の象徴となっている。

武力では落とせない難攻不落の堅城

小《お》田《だ》原《わら》城《じょう》

所在地 神奈川県小田原市城内
築城年 15世紀中期頃
主な城主 北条氏綱・氏康・氏政・氏直など

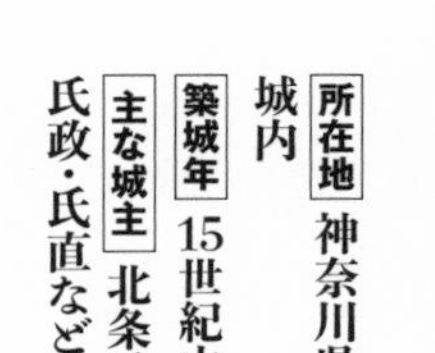

小田原城は、15世紀の終わりにあたる明応《めいおう》4年（1495）頃、関東の旧勢力を下した北条早雲が奪取した城である。二代目・氏綱《うじつな》以後、この城が北条氏の関東支配の拠点となり、北条氏代々の本拠地となった。これを大規模に拡張し、難攻不落の名城としたのは三代目・氏康といわれる。永禄《えいろく》4年（1561）に越後から上杉謙信が、永禄12年（1569）には甲斐の武田信玄が攻めてきたが、氏康はどちらも耐え抜き、防衛に成功。謙信・信玄も落とせなかった堅城ぶりは天下に鳴り響いた。

しかし、それから約20年が経った天正《てんしょう》18年（1590）、五代目・氏直《うじなお》の時代。西日本を統一した豊臣秀吉が全国の諸大名を動員し、小田原城を包囲。小田原城は惣構《そうがま》えの大城郭であった。惣構えとは城下町も含めて、城の外周を堀や石垣、土塁で囲い込んだ構造のこと。小田原城の惣構えは2里半（約9㎞）にも及ぶ長大なものだった。秀吉は力攻めで

北条氏時代の小田原城は、丸で囲んだ部分が中心地だったと考えられている（小田原市提供）

は大きな犠牲が出るとみて、三方の陸地および海にも水軍を置いて完全包囲した。

同時に別働隊をいくつも派遣し、相模・武蔵に広がる北条氏の支城――山中城（→P124）、玉縄城（神奈川県）、鉢形城（埼玉県）などを次々と開城させる。さらに小田原城の南に石垣山城（→P126）を築いて北条氏に圧力をかけ、開城に追い込んだ。これが秀吉の天下統一の総仕上げとなったが、ついに力攻めでは陥落せず、難攻不落ぶりは健在だった。

現在、城跡は昭和時代に再建された天守を中心に公園化。常盤木門《ときわぎもん》、銅門《あかがねもん》など、次々と復元が進む。また、古城部分では、北条氏時代の空堀や大堀切も見られる。

全国の大名が集った朝鮮出兵の前線基地

肥前名護屋城《ひぜんなごやじょう》

所在地 佐賀県唐津市鎮西町名護屋
築城年 天正20年（1592）
主な城主 豊臣秀吉

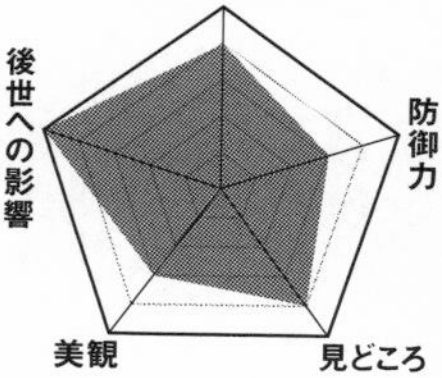

佐賀県の北端にあたる東松浦半島。その海岸に玄界灘を望むようにして、無数の石垣群が残されている。これが肥前名護屋城跡である。

小田原城を開城させ、天下統一を実現した秀吉は、国中の大名を従える存在となった。日本国内をひとつにまとめた秀吉が、次に企図したのは唐入り、すなわち朝鮮出兵（文《ぶん》禄《ろく》・慶長《けいちょう》の役）である。その第一歩として、まず朝鮮半島に近い最前線基地を築くための候補地を探させた。その場所が肥前（佐賀県）名護屋であった。築城時期は天正《てんしょう》18年（1590）頃からで、縄張りを黒田官兵衛《くろだかんべえ》が担当し、その息子の黒田長政《ながまさ》、加藤清正《かとうきよまさ》、小《こ》西行長《にしゆきなが》らが普請奉行《ふしんぶぎょう》を務めるなど、九州の諸大名を動員しての突貫工事を開始。天正20年（1592）3月に完成した城は本丸・二の丸・三の丸・山里曲輪などが配され、本丸には五重七階の天守が築かれるなど、大阪城（→P12）に次ぐ規模であったと伝わる。

破壊の跡が残る城内の石垣は、短命に終わった豊臣氏の栄華を思わせる

現在、城跡周辺には130か所あまりの大名たちの陣跡が確認されている。城ができたばかりの4月までに、約30万もの諸大名の軍勢が動員された跡だ。そのうち約20万が朝鮮半島へ渡り、約10万が在陣して沿岸を守ったという。朝鮮出兵は二度にわたって行われたが、慶長3年（1598）、秀吉の死をもって終結。同時に、名護屋城も役割を終えた。さらに、寛永《かんえい》14年（1637）に起こった島原の乱後、一揆の拠点とならないよう破城（城を破壊すること）が行われ、今のように石垣や空堀などが残るのみとなった。数々の陣跡や、残存する石垣、変わらぬ玄界灘の眺めが往時の賑わいと喧騒の様子を偲ばせる。

江《え》戸《ど》城《じょう》

260年の泰平を見守った将軍家の城

所在地 東京都千代田区千代田
築城年 長禄元年（1457）
主な城主 太田道灌・徳川家康など

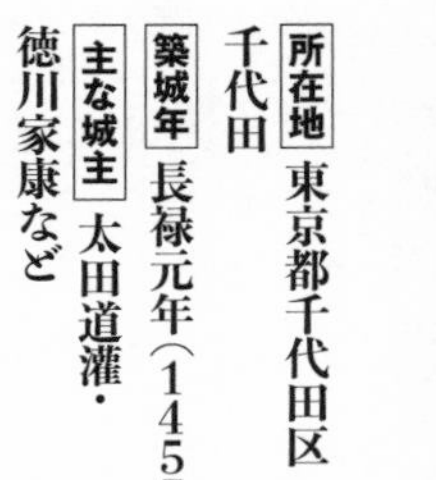

江戸にはじめて大きな城館を築いたのは室町時代後期、扇谷上杉《おうぎがやつうえすぎ》氏に仕えた太田道灌《おおたどうかん》だ。その後、上杉氏を関東から追った北条氏が江戸を統治したが、天正《てんしょう》18年（1590）、秀吉の小田原攻めによって北条氏は滅亡。北条氏の旧領は徳川家康に与えられた。

慶長《けいちょう》8年（1603）、家康は江戸幕府を開き、全国の大名を動員した「天下普請《てんかぶしん》」で江戸城を大規模に拡張した。神田山を切り崩し、内陸に深く入り込んでいた日比谷入江を完全に埋め立て、外堀と内堀で二重に囲む大規模工事だった。また、当時は東日本に大量の石垣を用いた城はごく少なかったが、石垣も全国の大名に運ばせ、各大名家に分担させて積ませた。この年、家康は朝廷より征夷大将軍《せいいたいしょうぐん》に任官されており、その威信を天下に示したのである。以後、江戸城は徳川十五代、江戸時代約260年にわたる幕府の政庁となった。また、京都に代わる日本の新首都として繁栄した大江戸の象徴ともなった。

江戸城の天守台。明暦の大火（1657年）後に築かれたが、城下の復興を優先する保科正之の提言により天守は再建されなかった

その江戸時代にも終わりが来る。ペリー来航以降の動乱で倒幕の動きが高まり、戊辰戦争では新政府軍が江戸に侵攻。この危機に、幕府軍の勝海舟は新政府軍のリーダー・西郷隆盛と江戸城下で会見。交渉の結果、江戸無血開城が決まり、両軍の激突が回避された。百万都市・江戸は焼け野原となることを免れたのだ。

その後、江戸は東京（東の京）となり、天皇が京都から移ってきて皇城（皇居）となった。現在は、かつて天守や本丸御殿、大奥が建っていた本丸（東御苑）、歴史的事件のあった桜田門など、多くの部分が一般公開されている。現役の城ながら、都民から外国人まで万人に開かれている。

二《に》条《じょう》城《じょう》

江戸時代のはじまりと終わりの舞台

所在地 京都府京都市中京区二条通堀川西入二条城町
築城年 慶長8年（1603）
主な城主 徳川将軍家

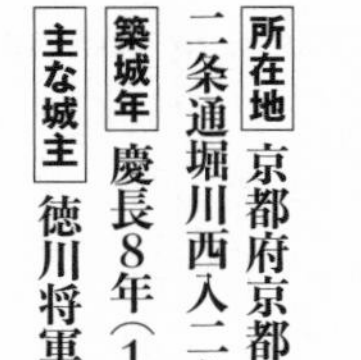

徳川家康が江戸に幕府を開き、江戸城（→P18）の拡張工事をはじめたのは慶長《けいちょう》8年（1603）。これと同年に京都で竣工したのが二条城である。築城は2年前から開始されており、西国諸大名に造営費用と工事を負担させて造られた。

家康は、朝廷より征夷大将軍《せいいたいしょうぐん》に任命され、将軍就任の祝賀の儀を竣工まもない二条城で執り行う。以後、二条城は天皇の住む京都御所を防衛する役割を持ち、将軍が上洛した時には宿泊所となった。

四代・家綱以降、二条城は長らく使われなくなったが、幕末に再び脚光を浴びる。徳川幕府の権威が落ち、京都にいる天皇の威光に注目が集まり、政治の中心地が再び京へ移ったのだ。文久《ぶんきゅう》3年（1863）、十四代将軍・家茂は上洛し、孝明天皇《こうめいてんのう》に謁見して二条城を宿所とした。慶応《けいおう》2年（1866）、十五代将軍・慶喜も二条城で将軍拝命の宣旨を受け

国宝の二の丸御殿は、建物と障壁画が現存する貴重な文化財である

た。しかし、すでに世の流れは将軍ではなく、天皇を中心とする国家体制に向かっていた。翌慶応3年10月、慶喜は二条城・二の丸御殿の大広間で、諸大名に対し「大政奉還」を表明した。つまり政権を朝廷に返すという宣言である。さらに12月の「王政復古の大号令」で、慶喜は征夷大将軍を辞し、徳川幕府は消滅した。二条城は江戸時代のはじまりと終わりの両方の舞台となったのである。

今や世界遺産になっている二条城。その中心的な建造物・二の丸御殿は、後水尾天《ごみずのおてん》皇《のう》の行幸に備えて建造されたもの。後水尾天皇も登った天守は現存しないが、天守台の石垣などがよく残されている。

戊辰戦争最大の激戦・会津戦争の舞台

会《あい》津《づ》若《わか》松《まつ》城《じょう》

所在地 福島県会津若松市追手町
築城年 至徳元年（1384）
主な城主 蒲生氏郷・松平容保など

戦国時代以降、伊達政宗や上杉景勝《うえすぎかげかつ》などが統治した会津。黒川と呼ばれていたこの地が「若松」と改められ、城が「鶴ヶ城」とも呼ばれはじめたのは蒲生氏郷《がもううじさと》の時代だ。寛永《かんえい》20年（1643）、三代将軍・徳川家光の異母弟・保科正之《ほしなまさゆき》が入城。彼の子孫が松平姓に変わったのは三代・正容《まさかた》の代のこと。以降、会津松平氏は親藩となった。親藩とは徳川家の親戚という意味で、幕府では御三家・御三卿に次ぐ高い地位となる。

幕末、京都の政情が不安定になると、その治安を守るために京都守護職が置かれた。この職を務めたのが会津藩九代藩主の松平容保《まつだいらかたもり》である。容保は孝明天皇や、十四代将軍・家茂の信頼厚く、京都の治安維持や倒幕派の弾圧に努めたが、それゆえに長州や土佐など倒幕派勢力に深く恨まれてしまう。

明治《めいじ》元年（1868）、江戸城（→P18）が無血開城され、新政府軍の矛先は会津へ向

新政府軍の砲撃によってボロボロになった天守（『会津戊辰戦史』より）

かう。8月には母成峠《ぼなりとうげ》を越えて会津へ侵攻し、若松城を包囲。若松城は約1か月もの間、西洋式の大砲の集中砲火を浴び続けた。また、少年兵だけで組織された白虎隊士の多くが自刃するなどの悲劇も起きた。9月22日、籠城を続けていた容保が降伏し、東北戦線の戦闘は終わった。明治になり、痛ましい姿となった若松城の建物はすべて取り壊された。唯一、御三階櫓が取り壊しの前に城下の阿弥陀《あみだ》寺《じ》に移築されて残る。城跡はその後、公園化され、1965年以降、天守、干飯櫓《ほしいやぐら》や南走長屋《みなみはしりながや》などの城内建物が復元された。また2011年には天守の屋根が江戸時代までの赤瓦に葺き直され、独特の格調高さと風格が備わった。

五《ご》稜《りょう》郭《かく》

武士の時代最後の合戦が行われた西洋式城郭

所在地 北海道函館市五稜郭町
築城年 元治元年（１８６４）
主な城主 江戸幕府

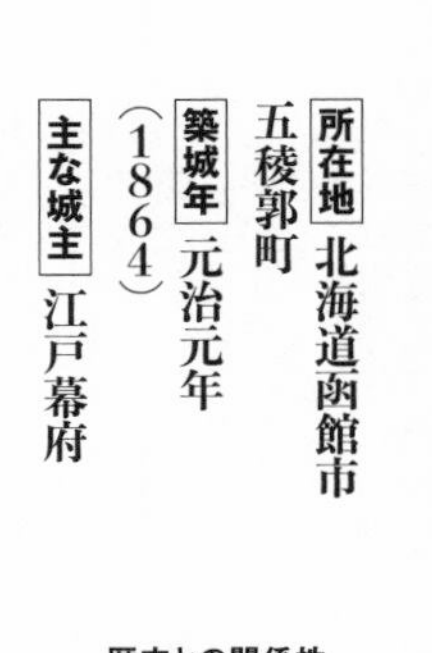

幕末にペリーが来航し、開国を余儀なくされた徳川幕府は箱館（函館）を開港するため、箱館奉行（出張機関）を置いた。中世ヨーロッパの城塞都市をヒントに考案された城郭を築き、そのなかに奉行所を設置する。元治《げんじ》元年（１８６４）、五稜郭の誕生である。

特徴は、周りを水堀で囲まれた星形の稜堡《りょうほ》（外側に突き出した陣地）。五角形の星の出っ張り部分である。これは攻めてくる敵を多方面から射撃できるようにしたもの。また、大手側に１か所、三角形の半月堡《はんげつほ》が設けられた。半月堡はあらかじめ兵を駐屯させ、城に近づく敵を迎撃する、日本式城郭の馬出《うまだ》しと同様の機能を持った出丸である。

この五稜郭は、幕府が想定した外国艦船との戦闘には使われなかった。奇しくも新政府軍と旧幕府軍とが激突した戊辰戦争の最終決戦・箱館戦争で榎本武揚《えのもとたけあき》や、新選組・土方歳三らが率いる旧幕府軍の最後の砦となったのだ。明治《めいじ》２年（１８６９）４月、新政府軍は

上空から見た五稜郭。星形の中心に立つのが復元された奉行所だ（函館市教育委員会提供）

箱館に上陸。箱館港を占拠し、甲鉄艦《こうてつかん》から五稜郭へ向けて艦砲射撃を行う。さらに市街周辺に築いた陣地に大砲を並べての砲撃を浴びせた。これにより、五稜郭内の建物は次々と破壊され、旧幕府軍の将兵は夜も眠れない状況にさらされる。5月18日、旧幕府軍は降伏し、五稜郭を新政府軍に明け渡して戊辰戦争は終わった。

五稜郭は大正時代から五稜郭公園として解放されている。1964年には隣に五稜郭タワーができ、展望台から星型の城郭を見おろすことができる。郭内の建物は長年失われていたが、2010年に箱館奉行所の南棟と中央棟部分が当時と同じ工法・素材によって復元された。

近代軍をも退けた近世城郭の最高峰

熊《くま》本《もと》城《じょう》

所在地 熊本県熊本市中央区本丸

築城年 慶長12年（1607）

主な城主 加藤清正・細川忠利など

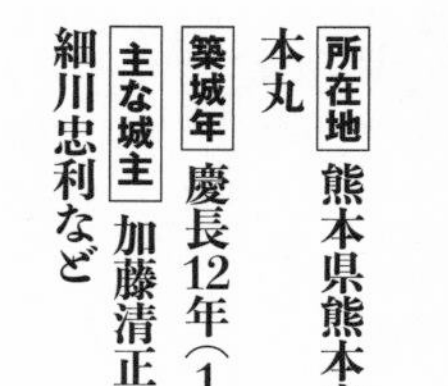

築城名手の加藤清正《かとうきよまさ》が大城郭に発展させた熊本城。その後は細川忠興《ほそかわただおき》の子・忠利《ただとし》が入封。さらに改修が施されて、江戸時代を通じ熊本細川藩54万石の象徴となった。

清正がこの城を築いてから300年近く経った明治《めいじ》10年（1877）、その防衛力の高さを証明する戦いが起きた。西南戦争である。西郷隆盛率いる薩摩軍が、反・明治政府の旗をかかげ、熊本城を奪おうとしたのである。しかし、熊本城はびくともしなかった。やがて明治政府の援軍が来て、田原坂《たばるざか》の戦いで敗れた西郷は鹿児島へ撤退した。「おいどんは官軍に負けたとじゃなか。清正公に負けたとでごわす」と、言い残したとされる。

この戦争の時に大天守・小天守など、多くの建物が焼けてしまう。それでも天守に匹敵する規模の宇土櫓《うどやぐら》をはじめ、13棟もの櫓や門などの建造物が建ち並ぶ様は圧巻だった。また、加藤氏と細川氏それぞれの時代に築かれたものを比較できる「二様《によう》の石垣」をはじめ

熊本城に攻め寄せる西郷軍を描いた『鹿児島の賊軍熊本城激戦図』

とする石垣も見応えがある。

ところが、２０１６年4月14日に発生した熊本地震で、熊本城は甚大な損傷を受けた。城内各所の石垣が崩落したり、弛みが生じ、東十八間櫓《ひがしじゅうはっけんやぐら》や北十八間櫓《きたじゅうはっけんやぐら》など、完全に倒壊してしまった建造物もあった。その後、3年あまりを経た２０１９年10月、大天守の外観の復旧が完了したが、今も懸命な復旧作業が続く。熊本のシンボルが激しく損壊した姿は衝撃的だったが、人類が災害や疫病との戦いを繰り返してきたのと同様、城も過去何百年にわたり、天災や戦争との戦いを繰り返してきた。地震や火災の脅威にさらされるのは、人と城との宿命なのかもしれない。

何度焼失してもよみがえる沖縄のシンボル

首《しゅ》里《り》城《じょう》

所在地 沖縄県那覇市首里金城町
築城年 14世紀頃
主な城主 尚巴志・尚泰など

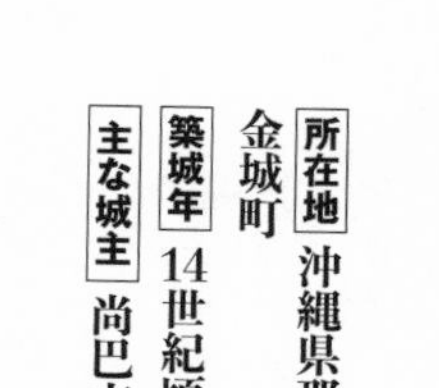

今から約590年前の1429年から約450年間にわたって存在した琉球王国。首里城はその王都の城であった。沖縄の城はグスクと呼ばれ、小高い丘に築かれ、中国の長城に似た城壁で取り囲まれているのが特徴だ。敷地内に御嶽《うたき》と呼ばれる宗教的聖地が設けられるなど独特の文化が色濃く残る。

この城は、幾度も落城の危機に直面してきた。具体的には中国や日本の薩摩藩による侵略である。琉球王国は中国に対して冊封国《さくほうこく》として臣下の礼をとり、薩摩藩には城まで迫られ、貢物を送って命脈を保った。1853年にはアメリカ海軍のペリーにも上陸を許し、琉米修好条約を締結して那覇を開港している。そうして存続してきた琉球王国だが、首里城の受難はこれ以降も続くのだった。

1945年の太平洋戦争では、米軍の空襲により、名古屋城（→P36）の天守、大阪城

2019年の火災で焼失する前の首里城正殿。中国と日本の建築様式を取り入れた独特の姿が特徴的だ

（→P12）の伏見櫓など日本各地に残っていた多くの城の建造物が焼けたが、首里城はさらに悲惨であった。沖縄が日米唯一の上陸戦となると、激しい砲撃にあい、すべてを焼失したのだ。

1958年、城の大手門にあたる守礼門《しゅれいもん》が復元され、以降も復元工事が進んだ。平成の時代には、王が住んだ正殿など多くの建物が復元。首里城公園が開園し、沖縄随一の観光地として首里城はよみがえる。しかし、2019年10月31日、突然発生した火災により、正殿と北殿、南殿が全焼。首里城は歴史上5度目の焼失を経験する羽目となった。遺構を守ることが、いかに大変で困難なものであるかを思い知らされる。

どうして山に城が造られたの？

近年訪れる人が増えている山城。山頂からの眺望は最高のごほうびだが、昔の人が健脚だったといっても、なぜ不便な山の上に城を築いたのだろうか？ まず城というものの役割から考えてみよう。そもそも城は、身を守るための軍事施設なのである。戦の時は、攻められにくく守りやすい場所を拠点としたい。360度視界がきき、川や崖などの自然地形に守られた山の上は、軍事施設である城に最適だったのだ。このため居住性はほとんどなく、使い捨てにすることも多かった。

中世城郭とも呼ばれる山城が爆発的に築かれたのは、南北朝時代と戦国時代。どちらも乱世で、戦が頻繁に起こった時代である。城を築いたのは、村落レベルの武士から国人領主、戦国大名までの、全国の武士たちだ。当初は軍事に特化していたため、多くが麓からの高さが300〜400mというかなりの高所に築かれた。しかしやがて城には、地域支配の象徴という役割も必要になっていった。政治と生活の拠点は平地の居館で、その背後の100m前後の山上に、戦時に籠もって戦うための城を設け、維持・管理することが主流になる。

そして織田信長が総石垣の近世城郭を創出して以降は、石垣や水堀による平地での防御が可能になったため、丘や平地の城が増えていった。江戸時代には城の軍事的役割はさらに希薄になり、権威の象徴としておもに政治と生活のための施設となったのだ。

上杉謙信が居城としていた春日山城（→P96）。山上に無数の曲輪を造成した、典型的な中世山城である

2章

日本の美を感じる城郭建築10選

姫《ひめ》路《じ》城《じょう》

白鷺が羽を広げたような優美な巨城

所在地 兵庫県姫路市本町
築城年 元弘3年（1333）
主な城主 羽柴（豊臣）秀吉・池田輝政など

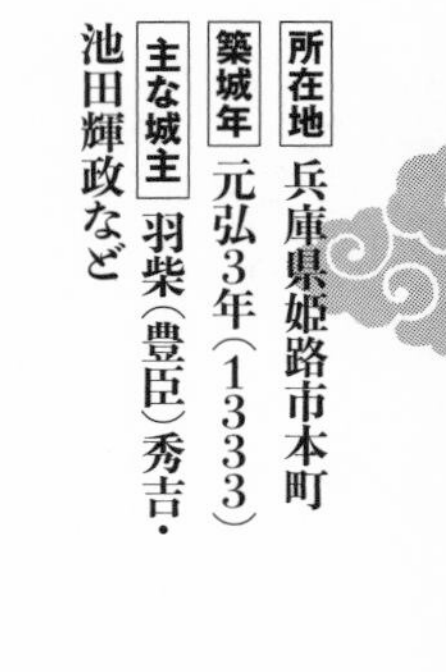

江戸時代の天守が残る「現存12天守」を持つ城のうち、国宝は5城だけ。そのなかでも、姫路城はユネスコの世界文化遺産に登録されている唯一の城である。

天守以外の建物の残存状態も国内の城では特に良く、400年前の城の姿を、ほぼそのまま残す。現存天守では最大かつ最も高い大天守と、三つの小天守が渡櫓で結ばれた連立式天守。それらが千鳥《ちどり》破風《はふ》や唐破風《からはふ》で飾られ、華やかさを際立たせる。天守群をはじめ、姫路城内だけで8棟もの国宝。それを含め、実に82棟の建造物を擁するのだ。櫓、門、土塀、石垣……それぞれが重なり合う景観美を、現地ではいろいろな角度から堪能できる。

姫路城の特徴といえば、やはり白漆喰で塗り固められた城壁だろう。白い鳥が翼を広げたような見た目から、別名を「白鷺城《はくろじょう》」と呼ばれるほどである。

しかし、姫路城は最初から白色の城だったわけではない。戦国時代までは武骨な田舎城

姫路城は、城の内外に多数のフォトスポットがあり、それぞれ異なる姿の天守を楽しめる

だったと推測されるが、それを羽柴（豊臣）秀吉が近世城郭に改修。関ヶ原の戦い後に池田輝政《いけだてるまさ》がさらに大改修を行い、外観も白漆喰で塗り固めた。

これは、江戸時代になると「見せる城」のニーズがさらに高まり、より立派で優雅な城造りブームが到来したため。姫路城は外壁に白い漆喰を塗って耐久性を高めたほか、屋根瓦の目地にも白漆喰を使用。遠目にも「白」が映える工夫がされた。「白漆喰《しろしっくい》総塗籠造《そうぬりごめづくり》」という工法である。特に晴れた青空をバックにした天守群の偉観は美しさが一段と際立つ。また春は「さくらの大回廊」と呼ばれる花見どころとなり、城内が約1800本の桜で彩られる。

澄んだ空にそびえる漆黒の天守群

松《まつ》本《もと》城《じょう》

所在地 長野県松本市丸の内
築城年 永正年間（1504～21）
主な城主 石川数正・康長など

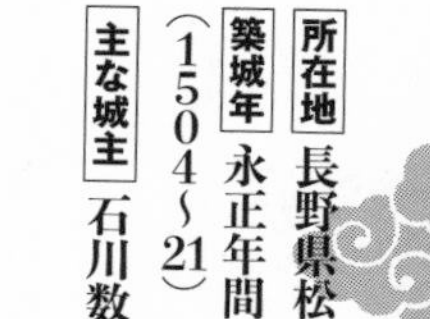

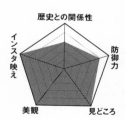

姫路城（→P32）を白の美とすれば、松本城は黒の美と表現すべきだろうか。黒瓦の屋根と黒漆が塗られた外壁部が、白漆喰の上部壁面を上下から挟み込み、そのコントラストが美しい。

黒が際立つ黒塗漆の外観は、豊臣秀吉をトップとした豊臣政権時代の城などで見られた特徴だ。広島城（広島県）、岡山城（岡山県）をはじめ、重臣たちが築いた城郭にも共通していたが、戦災で焼けてしまい、復元後は墨塗りで黒くしている。昔と変わらず、毎年の塗り替え工事まで行って全面を黒漆塗りで保っているのは、この松本城だけなのだ。

松本城には5棟の国宝がある。大天守・乾小天守・渡櫓・辰巳附櫓・月見櫓だ。これらがバランスよく配され、ほぼ江戸時代までの姿を保っている。大天守の築城者は秀吉の家臣だった石川数正《いしかわかずまさ》・康長《やすなが》親子というのが通説だが、石川氏時代は乾小天守のみが造られ、江

大天守を中心に広がる均整のとれた姿が美しい天守群。晴れの日には、水堀に天守が映る“逆さ天守”も見られる

戸時代に入った1610年代に大天守ができたとする説もある。

また、天守群のなかでも面白いのが寛永《かんえい》10年（1633）に建てられた月見櫓の存在だ。三代将軍・徳川家光が長野の善光寺に参拝する途中、松本に立ち寄るというので、将軍をお迎えするために当時の藩主、松平直政《まつだいらなおまさ》が建てた。文字通り月見のための櫓なので、赤い欄干《らんかん》を配した優雅な構造。平和な時代に造られた、軍事的な用途を一切持たない貴重な遺構だ。

月見櫓に象徴されるように、松本城は夕方以降に美しさが一段と際立つ。薄暮の時間や明け方もおすすめ。水堀越しのシルエットに惚れ惚れとしてしまうだろう。

名古屋のシンボルとなった近世城郭の到達点

名古屋城《なごやじょう》

所在地 愛知県名古屋市中区本丸
築城年 大永年間（1521～28）
主な城主 織田信長・徳川義直など

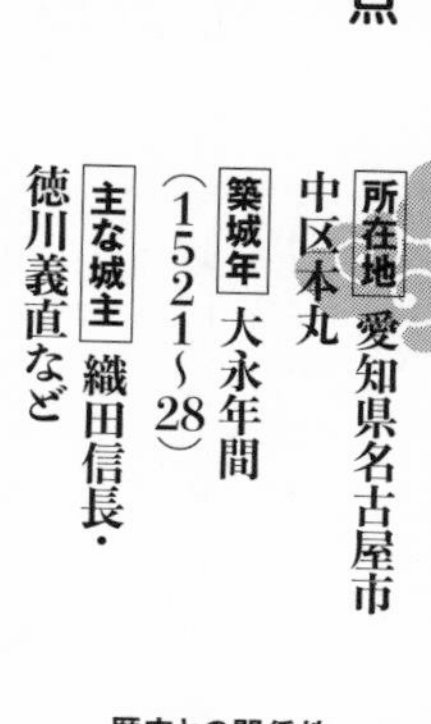

「尾張名古屋は城でもつ」と、伊勢音頭に歌われる名古屋城。金鯱を頂く大天守、本丸御殿、広大な二之丸庭園、高石垣と深い水堀などを擁する近世城郭の完成形である。

今の名古屋城一番の見どころは、2018年に10年がかりで木造復元された本丸御殿だろう。将軍が上洛する時だけに使用された特別な建物。もともとは三代将軍・徳川家光の代に造られた御殿だが、1945年の名古屋空襲で焼けてしまった。これを江戸時代の記録、古い写真などの史料をもとに復元。襖や金具、天井の格子など、書院造の豪華な建物が細部まで再現されている。創建時の御殿の襖絵や障壁画は別の場所に保存されているが、それらを緻密に復元したのである。この絢爛豪華さを一度は堪能して欲しい。

名古屋城の近世城郭としての歴史は、徳川家康による大改修にはじまる。御三家のひとつ、尾張徳川家の城として、全国の大名を動員した「天下普請《てんかぶしん》」で築かれた。特に天守台は築

将軍の寝所として造られた上洛殿。その絢爛さは江戸城にも匹敵するものだったという

城名人・加藤清正《かとうきよまさ》の指揮で築かれ、その規模は江戸城（→P18）、大阪城（→P12）に次ぐ。現在も城の北西部から空堀にそびえる石垣が天守を支えている様をじっくり観察できる。しかし大天守は空襲で焼失。現在の天守は戦後、鉄筋コンクリートで再建されたものだ。これは市民の多大な寄付により実現したもので、屋根の金鯱や銅瓦、白漆喰も含めて名古屋のシンボルにふさわしい。現在は老朽化したため内部に入れないが、木造復元の計画が進んでいる。焼失を免れ、創建時のまま残る三つの隅櫓は、いずれも重要文化財。うち西南隅櫓は常時公開されており、江戸初期の城郭建築の風格を目の当たりにできる。

金《かな》沢《ざわ》城《じょう》

現代によみがえる加賀百万石の名城

所在地 石川県金沢市丸の内
築城年 天正8年（1580）
主な城主 佐久間盛政・前田利家など

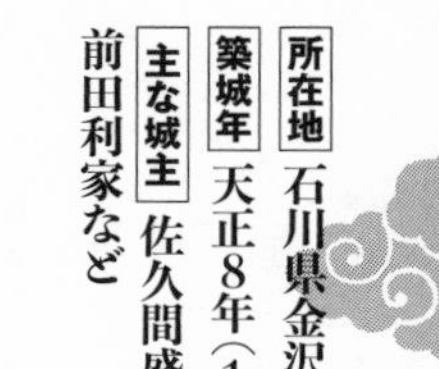

一般に「金沢といえば兼六園」といわれるが、兼六園は江戸時代に金沢城の庭先に造られた大名庭園。あくまで城とセットの存在であることはぜひ知っておきたい。

そう思われてしまう理由は、金沢城には現存建物が多くないためだろう。ただ、残る遺構はいずれも貴重であり、前田利家《まえだとしいえ》を藩祖とする「加賀百万石」の居城にふさわしい。

そのひとつが重要文化財の石川門（1788年造）だ。兼六園との連絡口にもなっているが、本来はここが搦手（裏口）にあたる。門といっても高麗門《こうらいもん》の一の門、櫓門の二の門、続櫓と二層二階建ての石川櫓で構成された枡形《ますがた》門である。三方をがっちり櫓で固め、隅に二重櫓（石川櫓）を置くという完全な枡形は全国唯一のもの。江戸城（→P18）、大阪城（→P12）、名古屋城（→P36）などにも、これほど完全な枡形は見られない。その石垣も見ものである。城の南東約8㎞にある戸室山周辺から運ばれた安山岩を加工したもの。青

2001年に復元された五十間長屋。瓦の目地に漆喰を塗るなまこ壁や鉛瓦が美しい

石や赤石の独特な色合いは大きさや積み方も多種多様で、見る者を飽きさせない。

もうひとつの重要文化財が、三十間長屋（1858年造）である。この長屋とは多聞櫓のことで、現在の長さは26間半（48m）となっているが、このように二重二階構造の多聞櫓は、ほかに姫路城（→P32）ぐらいしか見当たらない。その長大さを実感するには、西側の玉泉院丸庭園から見上げるといい。侵入者を睨むかのように、そびえる多聞櫓は壮観のひと言である。

また2000年代以降、さらに長大な五十間長屋、菱櫓のほか、南西側を囲む外堀「いもり堀」などが復元され、金沢城は江戸時代の姿を少しずつ取り戻しつつある。

"最後の砦"を体現する超戦闘的天守

松《まつ》江《え》城《じょう》

所在地 島根県松江市殿町
築城年 慶長16年（1611）
主な城主 堀尾吉晴・松平直政など

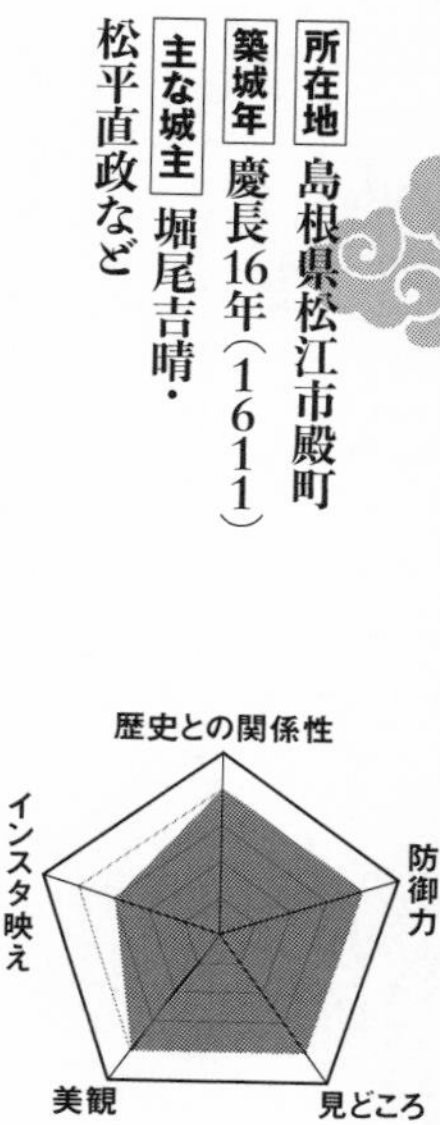

松江城の特徴として、堀川と呼ばれる川が城を取り巻く美観がある。この水堀は、シジミの産地である宍道湖《しんじこ》とつながっている。湖水が城のまわりを流れる姿は、江戸時代の古図と同じ。遊覧船に乗って楽しむのもいい。特に紅葉の時期が素晴らしい。

築城以来、松江城は一度も戦火に巻き込まれることがなかったが、明治維新時の「廃城令」で、天守以外の建物がすべて取り壊されてしまった。よって3棟の櫓は近代の復元だが、石垣や土塁など基礎部分は当時と変わらない。

最大の見どころでもある国宝の天守は、現存天守のなかでは姫路城（→P32）や松本城（→P34）に次ぐ大きさを誇る。写真からも分かる通り、この城は松本城に似た黒色の城である。望楼部と附櫓など、一部に白漆喰の壁があるが、下層部はすべて黒塗りの板を張った下見板張《したみいたばり》。この黒色は、黒煤と柿渋を混ぜた墨で塗られたもの。大手門から入ると、通

天守の高さは約22m。破風で飾られた漆黒の天守は、武骨ながら威厳にあふれている

常は南側から天守を見上げながら入城する。その前におすすめしたいのが西側広場からの天守の姿。少し近づいて見上げると、下層の真っ黒な下見板張だけが見え、白漆喰の部分はほとんど見えない。下見板張の武骨な姿と「黒の美」を、これほどまでに堪能できる城はほかにない。

天守の内部構造は地上五階、地下一階。地階は「穴蔵の間」と呼ばれる物資の貯蔵庫だった。そのうえ中央には深さ24mの井戸がある。これは現存天守では唯一の例。入口部分を守るようにして平屋の附櫓があり、二階には一階の屋根を貫く形で石落しがある。天守自体が籠城に備えた構造であり、戦国時代の名残を留める。

大《おお》洲《ず》城《じょう》

豊富な史料をもとに木造復元された天守

所在地 愛媛県大洲市大洲
築城年 14世紀頃
主な城主 藤堂高虎・脇坂安治など

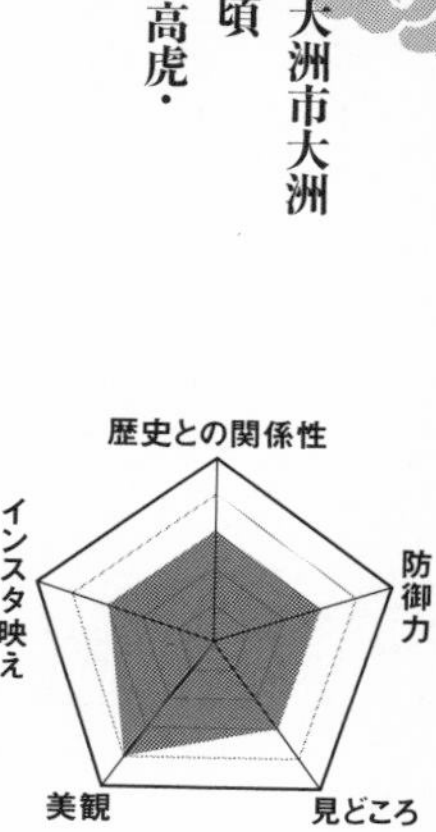

昭和の時代は建築基準法の問題により、城郭を木造で復元することができなかった。しかし、平成に入ってその問題が解決。白河小峰城（福島県）、掛川城（静岡県）を皮切りに、当時に忠実な木造復元が許されるようになる。大洲城天守もそのひとつだ。民間から寄付を募り、１９９４年から２００４年の10年がかりで復元が完了した。

大洲城天守は慶長《けいちょう》年間（１５９６〜１６１５）に建てられ、明治《めいじ》21年（１８８８）に取り壊された。復元に際しては、江戸時代の古絵図や江戸時代作成と思われる天守雛形など豊富な史料が幸いにも残っていた。それらを参考に忠実に復元された天守なのである。特に明治時代に三方向から撮られた写真が大きく役立ったという。

構造は四重四階、屋根をたくさんの破風で飾り立て、連子窓のほか、二階には華頭窓が配されている。天守四層にある丸みを帯びた唐破風も特徴的だ。内部構造の大きな特徴と

天守内は資料館となっており、復元の根拠となった天守雛形のレプリカなどが見られる

しては一階から二階までの吹き抜けと、中央あたりに大黒柱のような心柱が通っていることだ。この珍しい構造は、ぜひとも内部で体感することをすすめたい。

天守以外の4棟の櫓（台所櫓、高欄櫓、苧綿櫓《おわたやぐら》、三の丸南隅櫓）は解体をまぬがれて現存し、国の重要文化財指定を受けている。高欄櫓はその名の通り、二階に縁と高欄があり、そこから城内を一望できる。また台所櫓は炊事場の土間が配され、煙出し用の格子窓があるなど、それぞれに個性が感じられる。

大洲城は近くから見上げるのもいいが、少し離れ、東の橋上や肱川《ひじかわ》を渡った対岸の公園からも見事な眺望が楽しめる。

和歌山城《わかやまじょう》

官民一体となって復元に挑んだ紀州徳川家の城

所在地 和歌山県和歌山市一番丁
築城年 天正13年（1585）
主な城主 豊臣秀長・徳川頼宣など

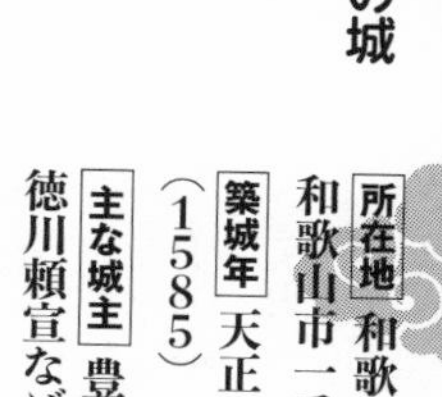

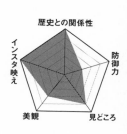

徳川御三家のひとつ、紀州徳川家の城として名高い和歌山城。紀州藩といえば八代将軍・徳川吉宗や、幕末の十四代将軍・家茂の出身地であり、徳川本家以外から将軍をふたりも出した唯一無二の藩であった。

この城の見どころの第一としては見事な石垣がある。紀州徳川家以前に当地を治めていた豊臣秀長《とよとみひでなが》の時代に積まれた和泉砂岩（紀淡海峡の島から運ばれた石）は、荒々しくも機能的な野面積《のづらづ》み、打込接《うちこみは》ぎで積まれる。一方、徳川氏の時代には砂岩や花崗岩など加工しやすい岩を切込接《きりこみは》ぎで隙間なく積んでいる。櫓は現存しないが、松の丸櫓跡、南の丸櫓の高石垣は美しく、見栄えも非常にいい。

天守は長らく板を張った黒天守だったが、寛政《かんせい》10年（1798）、ほかの徳川の城にならう形で、白漆喰の天守に変わる。だが幕末に失火で焼け落ち、一度は再建されて国宝と

和歌山城天守は、大天守・小天守・櫓を多門櫓でつなぎ、天守曲輪を形成している。写真は、天守曲輪の入口である楠門と大天守

なったが、昭和初期の空襲で天守を含む国宝11棟が焼けてしまった。

戦後、城の再建を望む市民は多く、総額5750万円（当時）の寄付金が集まり、鉄筋コンクリートながら外観が忠実に復元された。設計にあたった建築史家の藤岡通《ふじおかみち》夫《お》氏は、当時の写真を忠実に再現する復元を実現した。和歌山城の天守は一階が菱形に近いが、二階と三階は方形をした複雑な構造。そのため、藤岡氏は一度木造で実際の復元を行い、それを鉄筋コンクリートに置き換えるという手間をかけた。そのおかげで白亜の天守は和歌山のシンボルとして深く愛されている。春は桜が咲き、秋は二の丸庭園などが紅葉して非常に美しい。

高《こう》知《ち》城《じょう》

全国で唯一完全な状態で残る本丸の建物

所在地 高知県高知市丸ノ内
築城年 慶長8年（1603）
主な城主 山内一豊・容堂など

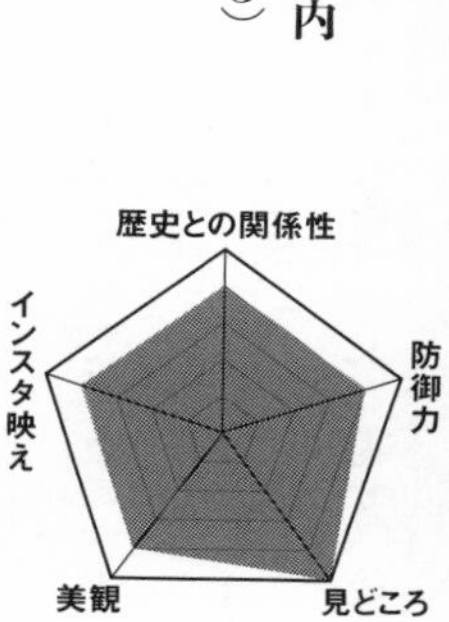

現存12天守のひとつを擁することで名高い高知城。その歴史は、関ヶ原の戦いの後に掛川城（静岡県）から転封《てんぽう》された山内一豊《やまのうちかずとよ》による築城からはじまる。高知平野のほぼ中心、標高約44mの大高坂山に築かれた高知城の特徴は、本丸の建物を完全に残す唯一の城ということだ。特に御殿は、天守や櫓とは別に住居および政務を執る場として造られた屋敷だが、極めて現存例が少ない。現存例はほかに川越城（埼玉県）、掛川城、二条城（→P20）のみ。しかも高知城は、天守と本丸御殿の両方を残している全国唯一の城だ。

天守は享保《きょうほう》時代に一度焼けてしまったが、寛延《かんえん》2年（1749）に再建されたものが現存している。再建にあたり、焼失前の古式ゆかしい望楼型《ぼうろうがた》（入母屋造の建物の上に物見櫓を載せた天守）をよみがえらせたのは、山内家の伝統を重視したがゆえか。最上階に初代藩主の一豊が掛川城を模したという廻縁高欄《めぐりえんこうらん》（縁側と手すりのこと）が付けられているの

天守（奥）と本丸御殿（手前）。高知城の本丸には、ほかにも黒鉄門や東多門櫓などが現存している

も特徴的。追手門の手前からは天守がよく見えるため、門前が撮影スポットだ。

本丸と二の丸をつなぐ廊下橋（橋廊下）の存在も面白い。門内に侵入した敵が容易に通り抜けられないよう、入口と出口の扉の位置が「筋違い」になっている。二階は家老などの詰所となっており、そのことから「詰門」とも呼ぶ。橋下の一階は堀切が切られ、城門となっている。廊下橋と門の両方の機能を持つのも全国唯一だ。

このように、高知城はほかに例を見ない構造物が多い。幕末には城下から坂本龍馬、板垣退助といった個性豊かな人物が生まれた。彼らの活躍を見守っていたであろう高知城は、土佐の歴史の生き証人である。

天守には板庇のほかにも寒さに強い石瓦を使うなど、雪国ならではの工夫が施されている

丸《まる》岡《おか》城《じょう》

400年の風雪を耐え抜いた古式の天守

所在地 福井県坂井市丸岡町霞町

築城年 天正4年（1576）

主な城主 柴田勝豊・本多成重など

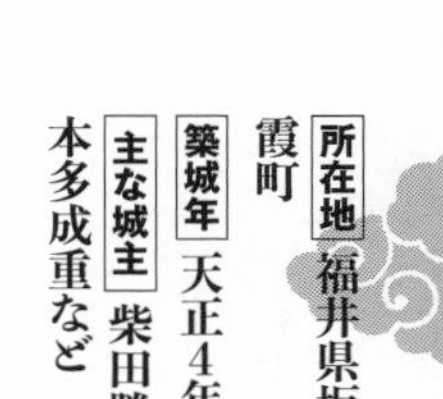

北陸で唯一の現存天守として有名な丸岡城。長らく「現存最古」といわれていたが、2019年の調査で天守の築造年代を江戸時代の寛永《かんえい》年間（1624〜45）と推定する報告があり、半世紀ほど時代を下る可能性が高くなった。それでも貴重な天守であることに変わりはない。天守台は野面《のづら》積みの石垣で、天守との隙間が空いてしまうため板庇《いたびさし》で覆い、雨水が入り込むことを防いでいる。天守の板張の外壁は、黒塗りもされていない。見た目も古めかしい質素剛健さがあり、それが個性的ともいえる。どの時期に見ても素晴らしいが、特に雪をかぶった丸岡城は、豪雪地帯の北陸の城らしい美しさがあり、厳しい風雪に長年耐えてきた逞しさを感じさせる。

天守は三重三階、高さ約15.7mと小ぶりだが、破風で飾られた優美な姿である

宇《う》和《わ》島《じま》城《じょう》

泰平の世に造られた装飾的な層塔型天守

所在地 愛媛県宇和島市丸之内
築城年 慶長6年（1601）
主な城主 藤堂高虎・伊達秀宗など

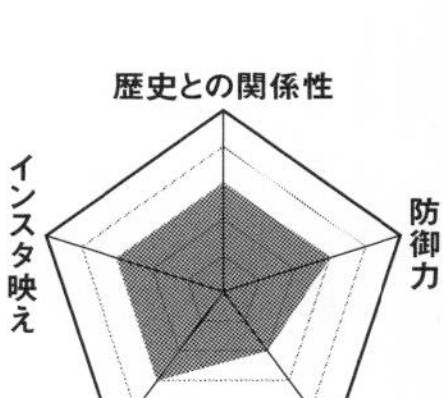

この城が天守を含めた近世城郭の体を成したのは慶長《けいちょう》6年（1601）、築城名人の藤堂高虎《とうどうたかとら》が宇和島に赴任してからだ。高虎は標高約80ｍの丘陵一帯に五角形の縄張りを置いた。これは敵に三方を包囲されたとしても、一方は死角ができて安全に逃げられるという戦略的な縄張り。見事な海城で、高虎の近世城郭造りの原点ともなった。ほどなく高虎時代の建物は失われ、現存の天守は寛文《かんぶん》4年（1664）、宇和島伊達家の当主・伊達宗利《だてむねとし》が新たに造ったものだ。壁に狭間や石落としなどの備えがなく、多くの破風で飾られている。泰平の世ならではの装飾性を重視した構造だ。新緑の時期から夏あたりは石垣に草が生い茂り、情感を引き立てる。

天守って何のために造られたの？

日本の城を象徴する建造物である天守。12基の現存天守は大切な国の文化財だ。では城が現役だった時代、天守はどのような役割を担う建物だったのだろうか。

日本初の天守は、天正《てんしょう》7年（1579）完成の織田信長の安土城（→P10）天主（安土城のみ「天主」）とされる。石垣で覆われた山の頂上にそびえる絢爛豪華な高層建築は、見る者の度肝を抜いた。天守を頂く石造りの近世城郭は、豊臣政権時代に全国へ広まる。そして関ヶ原の戦い後の「慶長の築城ラッシュ」時には諸大名が新領地にこぞって城を築き、安土城から数えて200基もの天守が誕生する。しかし大坂の陣後に発布された一国一城令で、大名の居城以外の数千もの城が廃城となり、その後は天守が破損・倒壊しても再建されることはなくなった。

一時は何百とあった天守のなかで、城主が住まいとしたのは、実は安土城だけである。安土城以降、城は権力の象徴として「見せる」要素が強くなったが、天守には居住性はなかったのだ。

天守の役割は戦時の詰めの城、つまり最後の砦だった。中世の大名たちが居館の背後に山城を設けて詰めの城としていたように、近世城郭では、有事の際に籠もる最終拠点として天守を築いていたのだ。現在、ランドマークとして目を引く天守は、外観こそ凝った豪華なものだったが、江戸時代は倉庫のように使われていた。城によっては、城主が在任中に一度しか入らなかった天守もあったほどだった。

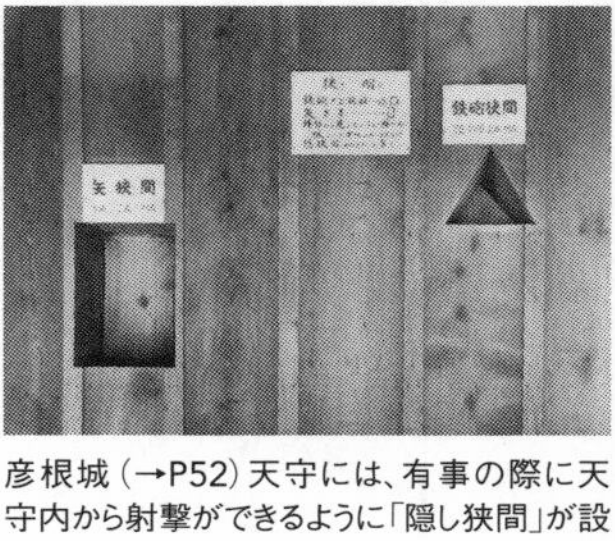

彦根城（→P52）天守には、有事の際に天守内から射撃ができるように「隠し狭間」が設けられている

3章

この防御がスゴい！
最強の堅城 10選

彦根城《ひこねじょう》

石垣と櫓を組み合わせた立体的な防御

所在地 滋賀県彦根市金亀町
築城年 元和8年（1622）
主な城主 井伊直孝・直弼など

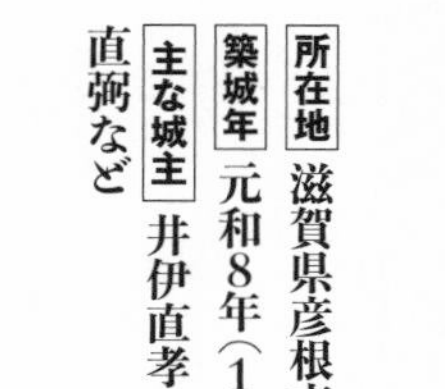

関ヶ原の戦いの戦功として井伊直政《いいなおまさ》に近江国が与えられ、それ以降、譜代大名筆頭として徳川幕府を支え続けた井伊氏の居城。当初直政は石田三成の居城・佐和山城（滋賀県）に入ったが、豊臣氏との決戦に備え、新たに城を築くことになった。関ヶ原での傷がもとで直政が他界したため、子の直継《なおつぐ》が慶長《けいちょう》9年（1604）に築城を開始した。東西日本の境目にあたる近江は、徳川方の最前線となる。急を要したため、近隣の大津城（滋賀県）・佐和山城などの資材を再利用し、諸大名を動員しての築城となった。

琵琶湖畔の金亀山を三重の堀で囲み、麓に御殿や二の丸を、山上に本丸などの主郭を配している。この山上に並ぶ主郭部の曲輪群を2本の巨大な堀切で断ち切り、前面に攻守の拠点となる鐘《かね》の丸《まる》と出曲輪を構えた、戦闘的な縄張りである。

城内最大の要衝が天秤櫓《てんびんやぐら》だ。大手門と表御門のどちらから登城しても、この天秤櫓の下

本丸に通じる天秤櫓へは、大堀切を通って鐘の丸へあがる必要がある。その間、攻城兵は頭上からの射撃にさらされる上に、木橋を落とされれば天秤櫓に入る術はなくなってしまう

で合流する。登城道をたどれば、知らぬ間に天秤櫓と鐘の丸を分断する大堀切の底に立っていることになり、たちまち両側頭上からの攻撃にさらされる。突破して鐘の丸に到達しても、また正面に天秤櫓が立ちはだかる。ここで堀切にかかる橋を落とされたら、もう本丸には近づけない。堀底の恐怖と幾度もの方向転換によって、迷路に迷い込んだような感覚におちいる。攻める側にとっては、まさに魔のゾーンだ。

このほか、華麗な印象の国宝天守内部に備わる多数の隠し狭間や、敵の横移動を防ぐため、斜面5か所に設置された登り石垣など、徳川を守った最前線の城には何重もの仕掛けが施されている。

迷路のような登城道に張りめぐらされた罠

伊予松山城《いよまつやまじょう》

所在地 愛媛県松山市丸之内
築城年 慶長8年（1603）
主な城主 加藤嘉明・蒲生忠知など

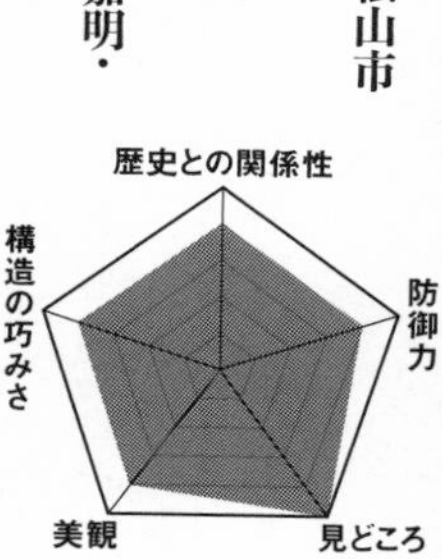

天守をはじめ21棟の現存建物が重要文化財に指定されている伊予松山城。それでも近代以降に落雷や失火、空襲で多くが焼失したというから、最盛期の姿はどれほど見事だったのだろうか。近年復元された建物も、遺構に違和感なくマッチしている。

築城を開始したのは、関ヶ原の戦い後に伊予半国の20万石を与えられた加藤嘉明《かとうよしあき》だ。ところが嘉明は築城途中で会津に転封《てんぽう》となる。その後、蒲生氏、松平氏と城主が交代したが、城の普請は80年以上にわたって続けられた。松山平野中央の勝山に位置し、山麓に三之丸、山腹に二之丸、山頂に本丸が構えられている。城内には執拗なほどの防御の仕掛けが施されているので、攻める側になってこれらを堪能しながら登城してみよう。

大手門から本丸に向かう登城道は、右側に圧倒されるほどの高石垣がそびえる坂道だ。この道は太鼓櫓《たいこやぐら》の手前でU字に曲がるため、攻め手は背後の太鼓櫓から容易に狙い撃ちされ

本丸へ続く登城道は太鼓櫓の直下でU字型に屈曲し、攻城兵は背後の櫓から狙い撃ちにされる

る。その先は、敵を誘い込むためにわざと門扉を付けていない戸無門《となしもん》。これを抜けて左折すると、城内最大の筒井門《つついもん》に出る。この門が最難関の要衝なのだが、それは門の巨大さのみではない。筒井門の奥には小ぶりな隠門《かくしもん》があり、突破する敵を背後から襲うことができる仕掛けなのだ。

その先が本丸で、天守群は最高所の本壇にそびえる。大天守を中心に複数の櫓が建ち、それらを渡櫓で連結させた連立式天守である。建物配置の複雑さに加え、本壇を囲む石垣の屈曲も複雑で、どこにいても攻撃されそうだ。このほか、二之丸と本丸を連結させるため、斜面と並行に築かれた希少な登り石垣もぜひ見ておきたい。

丘陵全体に石垣をめぐらせた〝石垣の要塞〟

津《つ》山《やま》城《じょう》

所在地 岡山県津山市山下
築城年 元和2年（1616）
主な城主 森忠政・松平長矩など

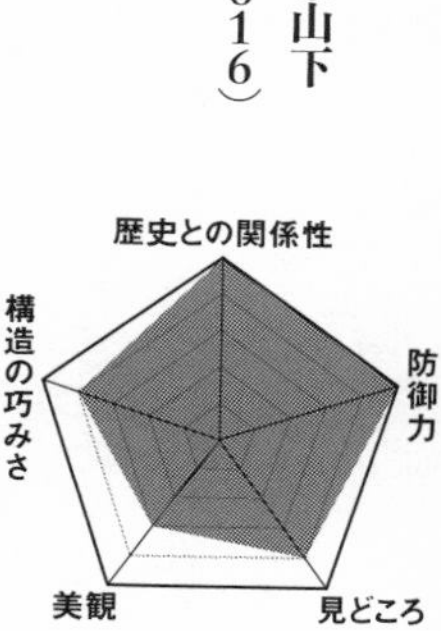

城下から見上げると、丘陵が丸ごと石垣に覆い尽くされている。「石垣の要塞」と呼ばれることもある津山城は、比高約50mの鶴山に位置する。山頂の本丸から、二の丸、三の丸と3段に曲輪を配している。このような3〜4段の雛壇状の構造を「一二三段《ひふみだん》」といい、津山城はそれぞれの斜面に高さ10m前後の高石垣をぐるりとめぐらせている。

築城者は本能寺の変で討死した森蘭丸《もりらんまる》の弟・森忠政《ただまさ》。軍事的緊張が高まっていた関ヶ原の戦い後に12年かけて築かれた石垣の城は、過剰防衛といえるほどの鉄壁の守りを誇る。本丸だけで31棟、合計で60棟もの櫓が建っていたが、明治時代に建物のすべてが取り壊され、石垣だけが残った。現在、建造物は再建された備中櫓《びっちゅうやぐら》のみである。

本丸以外の曲輪が狭く細長いため、各段の高石垣の距離が近い。これにより、石垣上から城外の敵を一斉に攻撃できるのだ。

津山城は、堅固に積み上げた石垣とその上に築かれた60棟もの櫓で守りを固めていた

城内の防御性も非常に高く、三の丸から本丸までにある五つの門を突破するには、17回もの方向転換を強いられる。冠木門から入城すると、いきなり道はU字に。石段を上ると巨大な表中門《おもてなかもん》があり、その先は侵入者を袋のねずみにする枡形《ますがた》である。登城道はどんどん狭くなり、閉塞感が増す。四足門を抜けても頭上に備中櫓が、さらにその先の切手門《きってもん》と表鉄門《おもてくろがねもん》にも枡形が控える。ついに本丸であるが、天守・本丸御殿・備中櫓などの重要な施設が揃っていたため、ここも手ぬかりはなかっただろう。復元土塀に守られた迷路のような天守曲輪の通路、兵が素早く駆け上がれる石段「合坂《あいざか》」などにそれを垣間見ることができる。

築城名人が築いた徳川系城郭のプロトタイプ

今《いま》治《ばり》城《じょう》

所在地 愛媛県今治市通町
築城年 慶長9年（1604）
主な城主 藤堂高虎・松平定房など

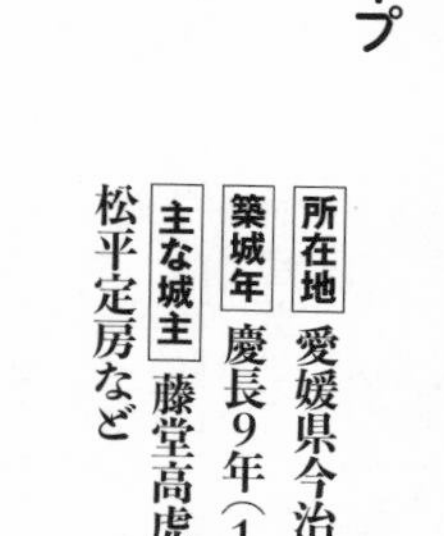

築城名人として名高い藤堂高虎《とうどうたかとら》が、関ヶ原の戦い後の慶長《けいちょう》7年（1602）から普請《ふしん》を開始した城。瀬戸内海に面した海岸に舟入（港）を設けた海城で、往時は海水を引いた三重の堀が囲んでいた。完成後高虎は伊賀・伊勢に転封《てんぽう》となり、養子の高吉《たかよし》が城主となる。高吉の転封後は、明治維新まで松平（久松）氏の居城となった。

現在も城の堀は海とつながっており、ボラやチヌといった海水魚が泳いでいる。本丸には1980年築造の模擬天守が建ち、櫓や門も近年再建されている。

後に天下普請《てんかぶしん》を一手に任され、効率的な築城法を確立した高虎だが、今治城はその初期モデルといえるだろう。面での守りを基本とした四角い縄張り。曲輪の縁辺には、反りがなく直線的な高石垣をめぐらせる。塁線は石垣上の土塀と多聞櫓、角に据えた隅櫓で守り、その外側を弓矢や鉄砲の射程距離が計算された広い水堀で囲んでいる。

城の入口である鉄御門前は、櫓と櫓門で四角く区切られた空間になっている。これは門内に侵入した敵を三方から集中攻撃する枡形虎口という仕掛けだ

最も堅牢なのが、二の丸の表門となる鉄《くろがね》御《ご》門《もん》の枡形《ますがた》虎口《こぐち》だ。「虎口の完成形」といわれる枡形虎口は高虎が考案したものだ。土橋を渡る敵は、まず多聞櫓《たもんやぐら》や武具櫓《ぶぐやぐら》から攻撃されるが、正面の高麗門（非現存）は比較的突破しやすいため敵兵がなだれ込む。しかし正面は行き止まりで、鉄御門は90度右側にある。気付けばそこは石垣と櫓に囲まれた四角い空間（枡形）で、渋滞をおこした敵兵は、三方から集中砲火を浴びせられるのだ。

また、高虎の転封とともに丹波亀山城（京都府）に移築されたとも伝わる今治城の五重天守は、費用と工期を大幅に削減できる層塔型天守の第1号だったといわれる。

本丸への行く手を阻む連続枡形

松《まつ》坂《さか》城《じょう》

所在地 三重県松阪市殿町
築城年 天正16年（1588）
主な城主 蒲生氏郷・服部一忠など

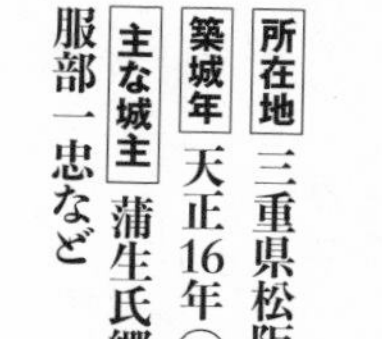

織田信長の娘婿だった蒲生氏郷《がもううじさと》は築城巧者としても名高い武将である。本能寺の変後に豊臣秀吉から南伊勢の松ヶ島城（三重県）を与えられ、そこから約4㎞南に位置する四五《よい》百森《ほのもり》の丘陵上に松坂城を築いた。氏郷の会津転封《てんぽう》後には服部一忠《はっとりかずただ》、古田重勝《ふるたしげかつ》が入り、古田氏時代にほぼ現在の姿に改修された。本丸上段には天守台が残るのみだが、江戸時代前期に台風で倒壊したという三重天守は、複数の櫓に接続した複合式天守だった。城内には当地出身の国学者・本居宣長《もとおりのりなが》の旧宅（国特別史跡）が移築・公開されている。

独立丘陵を切り通して南側に鎮守の社をおき、北側の頂上付近に本丸の上下段、中腹に二の丸と隠居丸、麓に全体を囲むような三の丸を配している。城内の最難関箇所は、搦手から本丸上段に至る登城道である。ひとつの門を挟んだ内外に石垣の折れを利用した四角い閉塞空間（枡形《ますがた》）を設け、それを四つも連続させているのだ。

本丸の石垣から見た登城道。狭い道を幾度も屈曲させ、曲輪から攻撃できるようにしている

搦手からの登城道は、まず右90度に曲げられており、裏門の先には石垣が立ちはだかる。これが第一の枡形だ。左90度に曲がってもまた突き当たるため、もう一度左折。そこが第二の枡形だ。隠居丸に続く石段の手前で右折。その先の石段を上ってまた右折で、第三の枡形となる。さらに中御門の先を左折して石段へ。この先はジグザグの道となり、本丸上段に至る最後の石段の手前が、第四の枡形となっている。まさに迷路で、攻め手には実に嫌な道ゆきだ。

このほか、搦手登城道手前、槙垣が美しい石畳の道は必見である。希少な御城番屋《ごじょうばんや》敷《しき》（国重文）が現存しており、現在も縁者が居住して維持管理を行っている。

杉《すぎ》山《やま》城《じょう》

築城者も築城目的も不明な謎多き堅城

所在地 埼玉県比企郡嵐山町杉山
築城年 不明
主な城主 不明

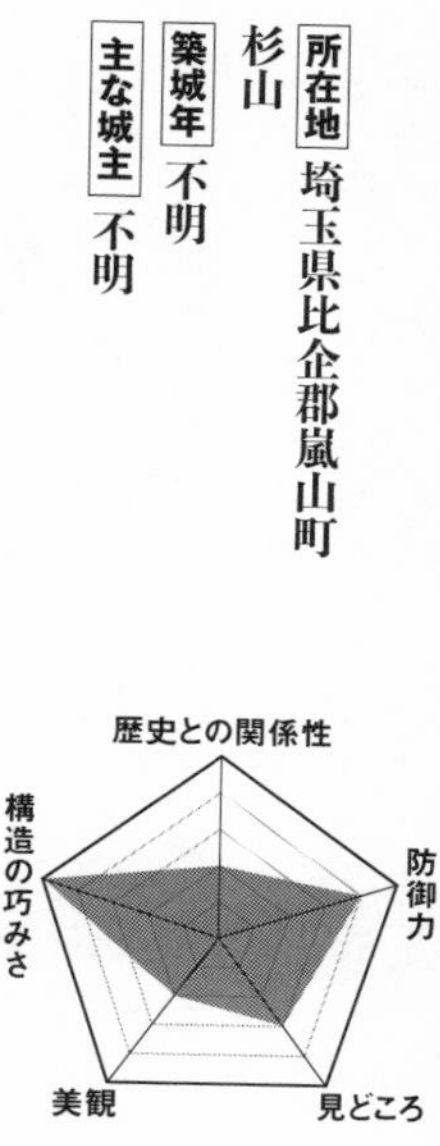

史料が残っていないため、築城年代・築城者ともに明らかになっていない土造りの名城である。比高42ｍの比企丘陵頂部一帯に、土を切り盛りして築かれている。西側は断崖と市野川、残る三方に開けた尾根上に10前後の曲輪群が広がる。曲輪の内部はデコボコしてあまり整地されていないため、居住性は低かったようだ。築城者は、以前は北条氏と思われていたが、近年の発掘調査で北条氏支配以前の遺物が出土したことから、扇谷上杉《おうぎがやつうえすぎ》氏に睨みをきかせるために関東管領《かんとうかんれい》・山内上杉《やまのうちうえすぎ》氏が築城したという説が有力になっている。ただし縄張りがあまりに技巧的なため、築城技術が成熟した16世紀後半に、豊臣氏が北条氏に対する付城として築いた可能性も指摘されている。

杉山城の特徴は、各曲輪が高低差を利用して巧みに配置されているため、侵入者がどこにいても効果的な横矢《よこや》（側面攻撃）を仕掛けられることである。

南三の郭の虎口前は細い土橋になっており、一列縦隊で進むしかない。そこを攻撃されれば大軍であっても全滅必至だ

まず大手口から外郭に向かうと、正面には土塁がそびえる。手前で左折することになるが、左手は深いL字の空堀になっており、正面と右側の土塁上から攻撃される。

さらに外郭から馬出郭《うまだし》を抜けて南三の郭へ向かう土橋では、正面と左手の突出部から攻撃される。南二の郭の虎口（出入口）を通過するには坂道の通路を通るため、まず坂道上から迎撃される。上りきっても喰《く》い違《ちが》い虎口《こぐち》になっており、直進できずに右に折れる。するとたちまち左右の土塁から挟撃されることになる。このように塁線も通路も複雑に曲げられ、城全体が迷路のようになっている。侵入経路が制限されるため、効率的な防御が可能になっているのだ。

横堀と馬出しで守る北条氏の支城

滝《たき》山《やま》城《じょう》

所在地 東京都八王子市高月町
築城年 大永元年（１５２１）
主な城主 大石定重・北条氏照

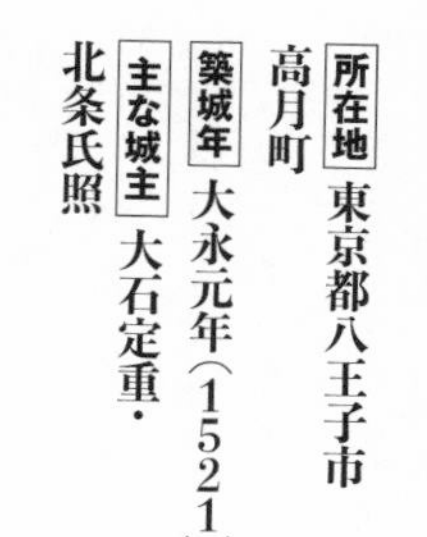

北条氏三代目・氏康の次男である北条氏照《ほうじょううじてる》の居城で、北条流の城によく見られる馬出《うまだ》しを守りの要とした土造りの城である。遺構がしっかりと残っており、城の縄張りを体感するのに最適な城のひとつだ。上杉謙信の侵攻に備えるために永禄《えいろく》元年（１５５８）に改修されたが、実際に攻め寄せたのは武田信玄だった。かろうじて落城は免れたが、三の丸まで侵入を許してしまう。より堅固な城が必要だと痛感した氏照は、八王子城（↓Ｐ１５８）を築いて新たな拠点とした。このため滝山城は20年余りで廃城になる。

多摩川と秋川の合流地点にある加住丘陵を利用した滝山城は、北側の崖によって、城の中枢にあたる本丸と中の丸への侵入を防いでいる。高低差の激しい複雑な地形で、中央の窪地を曲輪が取り囲み、さらに外側には長大な横堀がめぐっている。

第一の防衛ラインはこの横堀で、侵入者は知らぬ間に堀底に誘導され、屈曲箇所などで

馬出しと二の丸をつなぐ土橋は一列縦隊でしか進めない細さで、ここを狙い撃ちにされればひとたまりもない

頭上から攻撃を受ける。第二の防衛ラインは、二の丸入口にあたる三つの虎口前面に構えられた角馬出しで、城内で最も堅固な構造になっている。馬出しは土塁と空堀に囲まれており、正面からの突破は不可能だ。虎口に通じる道は細い土橋だけで、これを渡っても馬出し内の守兵と対峙せねばならない。これを制して方向転換し、ようやく虎口に向かうことができる。南側の馬出しに至る土橋は一列縦隊でしか進めないため、そこを側面攻撃される。二の丸にはこの仕掛けが三方にあり、南側はさらに大馬出しを重ねている。また、中の丸と本丸を隔てる大堀切も必見。さらに本丸3か所の虎口も、すべて枡形虎口になっている。

新《しん》府《ぷ》城《じょう》

武田氏の築城技術を集めた未完の城

所在地 山梨県韮崎市中田町中條上野字城山
築城年 天正9年（1581）
主な城主 武田勝頼

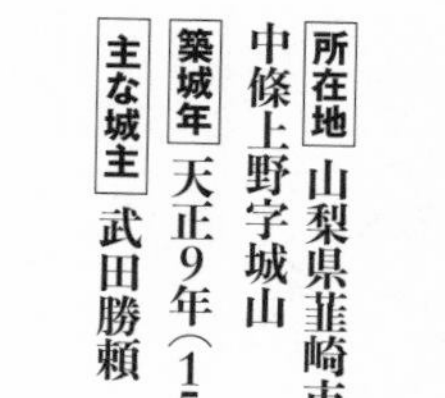

武田信玄の後継者・武田勝頼が、新たな本拠地として築いた実践的な土造りの城。「新府」とは「新しい府中（首都）」を意味するが、父祖伝来の地を離れることに反対の家臣も多かったという。しかし武田氏は長篠の戦いに敗れて以降、北条・織田・徳川から圧力を受けており、勝頼は躑躅《つつじ》ヶ《が》崎館《さきやかた》（→P94）では防御不充分と判断したのだ。

1年未満の突貫工事で、勝頼は完成前に入城している。ところが織田・徳川連合軍の甲斐侵攻を受けると、勝頼は自ら城に火を放つ。このため、新府城が機能したのはわずか68日間だった。勝頼はその後天目山で自害し、武田氏は滅亡する。近年の発掘で、搦手にあたる乾門枡形《ますがた》虎口《こぐち》の門柱が、焼け落ちた状態であることが確認されている。また、徳川氏と北条氏が争った天正壬午《てんしょうじんご》の乱《らん》では、新府城が徳川方の陣城として使用されたという。

短命に終わった悲劇の城であるが、この城には武田氏の築城技術の粋が集められてい

城の北面に造られた出構え。侵入者を攻撃する射撃陣地だったと考えられている

る。河岸段丘の七里岩台地に位置し、西側は釜無川からそそり立つ断崖に守られている。城内には侵入者の直進を妨げる仕切の土塁が随所に見られる。大手にあたる南側は城内最大の枡形虎口が構えられ、さらにその外側に丸馬出《まるうまだ》しを重ねた堅固な造りとなっている。そして、この城にしかない非常に珍しい遺構が、北側の東西2か所に配された出構えだ。この北側は城外と地続きになっているため巨大な堀と土塁で遮断されているが、この出構えはさらに城外側に、土橋のように細長く突き出ている。用途は明らかにはなっていないが、今のところ敵を鉄砲で迎え撃つための射撃陣地だったと考えられている。

城内でも最大規模を誇る二の曲輪中馬出し。近年の整備によって当時の姿を取り戻した

城を守る五つの馬出し

諏《す》訪《わ》原《はら》城《じょう》

所在地 静岡県島田市菊川
築城年 天正元年（1573）
主な城主 武田勝頼・徳川家康など

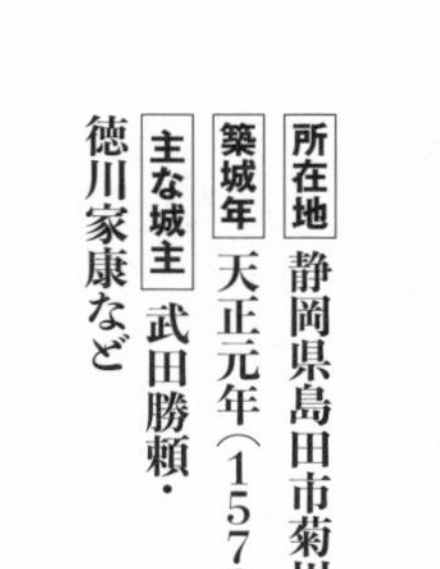

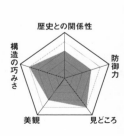

武田勝頼が遠江侵攻のために築いた城で、ここを拠点に徳川氏の高天神城を攻略した。長篠の戦いで武田氏が敗北すると徳川家康に城を奪われ、天正《てんしょう》9年（1581）の第二次高天神城の戦いで徳川方の砦として使用された。当時は背後に大井川が流れていた牧ノ原台地の先端に位置する。典型的な「後ろ堅固」の縄張りである。

防御の中心かつ最大の特徴は、五つの丸馬出《まるうまだ》しだ。虎口の外側にあるため、侵入するには馬出しの三日月堀、馬出し、虎口前面の堀、そして虎口を突破しなければならない。二の曲輪中馬出しの三日月堀はほぼ垂直に掘られており、降りることは不可能だ。丸馬出しは武田流の特徴だが、現存遺構は徳川時代のものと判明している。

玄蕃尾城には、登城道を進む敵に側面攻撃を行うための工夫が随所にちりばめられている

戦うために造られた戦闘マシーン

玄《げん》蕃《ば》尾《お》城《じょう》

所在地 滋賀県長浜市余呉町
福井県敦賀市刀根
築城年 天正10年（1582）
主な城主 柴田勝家

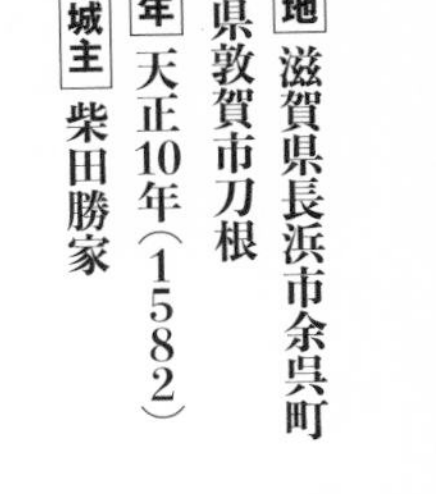

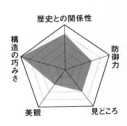

越前と近江を所有した柴田勝家が、両国の国境に築いた城。北国街道の監視と物資運搬の中継点として使われたようだが、羽柴（豊臣）秀吉と戦った賤ヶ岳の戦いでは、柴田軍の本陣となった。勝家敗北後は一度も再利用されなかった上に美しく整備されているため、極めて良好な状態で遺構が残っている。

　どこに立っても狙われる、戦に特化した縄張りである。賤ヶ岳方面から越前方面へ南北に曲輪が並び、1本の道が通る。この道は何度も直角に曲がり、そのたびに横矢が掛かる。主郭前には三方から攻撃される枡形《ますがた》、さらに主郭の前後に馬出《うまだ》しが配されている。道に対し徹底して横矢が掛かるよう、緻密に計算されているのだ。

忍者は城に侵入できたの？

軍事施設や政庁などの役割を担っていた城には、様々な防御が凝らされている。しかし、厳しい修行を積んだ忍者なら、侵入できたのではないだろうか？　検証してみよう。

まず立ちはだかるのは堀。空堀と水堀を比べると、水のない空堀の方が走って渡れそうな気がする。しかし堀底との高低差が大きければ、侵入だけで命がけだ。薬研堀というV字の堀だと底まで滑り落ちてしまい、登ることはできない。では水堀はどうだろうか。潜って身を隠せるし、泳ぎの達者な者なら闇にまぎれて泳ぎ切れそうだ。しかし、それを阻止する数々の対策があったのだ。

①鳴子…竹筒や木片を並べて吊るした板を縄にぶら下げたもの。水中に張った縄に引っかかると音が鳴る。
②網…水中に網を設置して行く手を阻み、拘束する。
③菱を植える…水中の蔦が手足に絡みつく。
④水鳥を飼う…異変時に騒ぐため侵入者に気づく。

このほか、水際には逆茂木《さかもぎ》や乱杭《らんぐい》も設置されていたため、渡り切れても土塁や石垣に取り付くのは大変だ。

それでも城内に侵入できたとしよう。警備の目をかいくぐり、建物の石垣をよじ登ると、土塀下部に突き出た鉄串に阻まれる。忍び返しといい、熊本城（→P26）などで見られるが、現存例は高知城（→P46）のみ。また熊本城の石垣に代表される「扇の勾配《おうぎのこうばい》」は、上部ほど傾斜がきつくなるため、登り切るのはまず不可能だろう。

高知城天守の忍び返し。建物の下部に無数の鉄串を取り付け、建物内への侵入を阻んでいる

4章 思わず息をのむ絶景が楽しめる城 10選

雲の海に浮かぶ〝天空の城〟

竹《たけ》田《だ》城《じょう》

所在地 兵庫県朝来市和田山町竹田
築城年 嘉吉年間（1441～44）？
主な城主 太田垣光景・赤松広秀など

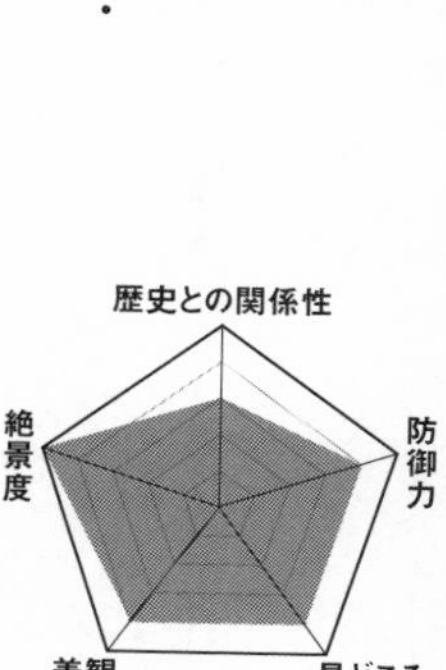

標高353・7mの古城山山頂にある竹田城跡は、秋から初冬にかけての季節、条件が揃えば「城内に立つ」場合と「城外から眺める」場合で、まったく違った趣の景色を味わうことができるのだ。この地域は日中と夜間の温度差が大きくなると、しばしば朝の間、濃い川霧に包まれる。昼の間に暖められた空気が夜になり冷やされて、麓を流れる円山川の水温よりも低くなることで、川の水から大量の蒸発霧が発生するのだ。

霧に覆われた時に登城すれば、足下全方向に雲の絨毯が広がり、自分を包んでくれるような光景に遭遇できる。雲海発生時に城を外から見るなら、朝来山《あさごやま》の中腹にある立雲峡《りつうんきょう》に足を運ぶのが一番。ここには三つの展望台があり、特に駐車場から徒歩40分の第1展望台から見える城跡は、まるで雲海に浮かぶ島のように見え、まさしく「天空の城」そのもの。険しい道のりも、この姿を目にできればすべて忘れさせてくれる。

立雲峡から見た竹田城。雲海に包まれた石垣は、さながら天空に浮かぶ浮島のようだ

竹田城は嘉吉《かきつ》年間（1441〜44）に、但馬守護・山名宗全が太田垣氏に築かせたのがはじまりと伝わる。その後、太田垣氏が城主を務めた。天正《てんしょう》8年（1580）、羽柴（豊臣）秀吉の但馬攻めで落城し、羽柴秀長《ひでなが》、桑山重晴《くわやましげはる》が城主を務めた後、龍野城主だった赤松広秀《あかまつひろひで》（斎村政広《さいむらまさひろ》）が2万石を領して入城する。広秀は関ヶ原の戦いで西軍に加担。東軍の亀井茲矩《かめいこれのり》の要請で寝返り鳥取城攻めに加わるが、城下に火をかけた罪により切腹。竹田城も廃城となった。

残されている石垣は広秀が築いた。2万石強の大名が築いたとは思えない立派な石垣で、大小さまざまな石材を組み合わせた野面積《のづらづ》み、算木積《さんぎづ》みが見られる。

朝焼けの城と城下町を包む雲海

越《えち》前《ぜん》大《おお》野《の》城《じょう》

所在地 福井県大野市城町
築城年 天正4年（1576）
主な城主 金森長近・松平直政など

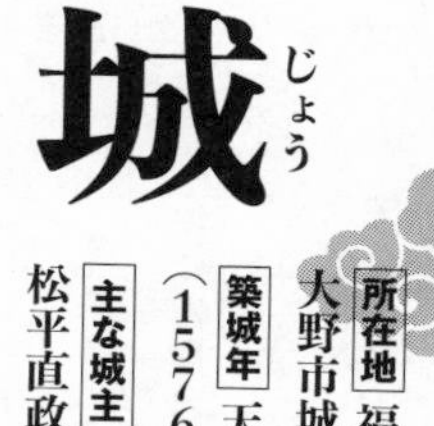

天正《てんしょう》3年（1575）、越前の一向一揆を平定した恩賞として、織田信長から越前国大野郡のうち3万石を拝領した金森長近《かなもりながちか》。その翌年、亀山と呼ばれる標高249mの峰上に築きはじめたのが越前大野城である。標高のわりに険しい山であったため、完成までに4年の歳月を費やすこととなった。土台となる石垣は自然石を横に寝かせて、大きい石を奥に押し込んで積み上げた野面積《のづらづ》みである。この石垣を見るだけでも価値がある。天守は大天守と小天守があったが、安永《あんえい》4年（1775）に焼失。寛政《かんせい》7年（1795）には天守を除いた建物が再建された。だが明治維新後に破却されてしまう。現在の天守は旧士族の萩原貞《はぎわらてい》氏の寄付により、1968年に再建されたものだ。

さらに長近は在城14年の間、亀山の東麓に京の都を模した城下町も整備。この街並は、今でも江戸時代に描かれた『諸国当城《しょこくとうじょう》之《の》図《ず》』のままである。城の東側に武家屋敷、町人地、

犬山からみた越前大野城。朝靄が城と城下町をすっぽりと覆うさまは、非常に幻想的だ

寺町が並び、町人屋敷は東西・南北それぞれ6筋の通りによって碁盤の目のように整然と区割りされている。また、城と武家屋敷の境目には、外堀の一部にあたる百間堀がある。ここから城に近い西側が武家屋敷、東側が町人屋敷である。この街並は、大野城の天守最上階から眺めるのが美しい。

城からの絶景に加え、忘れてはならないのが秋から冬にかけての朝方、城下町がある平野を覆い尽くす雲海と、そこに浮かぶ幻想的な大野城の姿。それは運が良ければ、城から約1㎞離れた場所にある犬山（戌山城跡／福井県）から見られる。時間にしてほんの十数分から1時間程度。雲が晴れ、町が目覚める様子も見逃せない。

岐阜城《ぎふじょう》

天下人も目にした標高329mの眺望

所在地 岐阜県岐阜市金華山
天守閣
築城年 建仁元年（1201）
主な城主 斎藤道三・
織田信長など

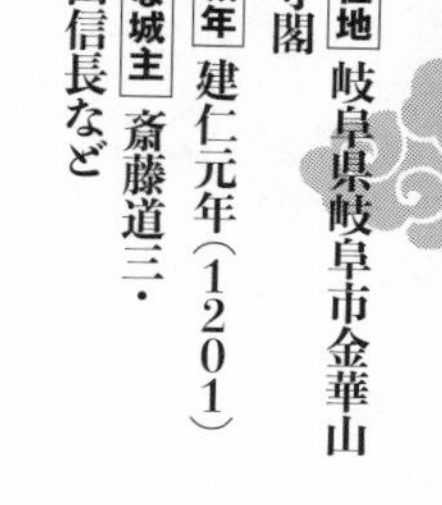

岐阜市の東北部にそびえる標高329mの金華山。この山頂に建っているのが織田信長の居城として名高い岐阜城だ。その歴史は古く、建仁《けんにん》元年（1201）に二階堂行政《にかいどうゆきまさ》が築城した井ノ口城がはじまりである。その後、鎌倉幕府執事の佐藤朝光《さとうともみつ》が入城。続いて伊賀光《いがみつ》宗《むね》の居城となり、跡を継いだ光資は稲葉光資《いなばみつすけ》と名乗ったため、稲葉山城に改称された。室町時代になると美濃は土岐氏が支配し、稲葉山城はその守護代の斎藤氏が居城とする。やがて一介の油売り商人から身を興したとされる長井新九郎《ながいしんくろう》が策略をめぐらし、稲葉山城と美濃一国を奪取。それこそが梟雄・斎藤道三《さいとうどうさん》である。

道三の孫である斎藤龍興《たつおき》が城主だった永禄《えいろく》10年（1567）、織田信長が攻略し岐阜城と改名。安土城に移るまでの間、居城として天下布武に邁進している。慶長《けいちょう》5年（1600）の関ヶ原の戦いの際、信長の嫡孫・織田秀信《ひでのぶ》が城主を務めていたが、西軍に与

天守最上階の展望台からは、360度どこを見ても素晴らしい眺望が広がる

したため戦後に高野山へ送られた。その後、岐阜城は城主が置かれず合戦の翌年、徳川家康の命により廃城となる。岐阜城へは登城道もあるが、ロープウェイで山頂駅まで行くのが一般的。山頂駅付近はかつての道三丸。そこから馬場跡、二の丸門跡を経て天守へは約15分。二の丸門跡付近の石垣が、もっとも往時を偲ばせる遺構である。

現在、山頂に建っている三層四階の天守は1956年に復興されたもので、内部は資料館となっている。天守最上階に立てば眼下に長良川の清流と濃尾平野が一望でき、晴れていれば彼方に伊吹山や養老の山並みが遠望できる。条件が良ければ南に広がる伊勢湾まで見え、天下人気分が味わえる。

米子城《よなごじょう》

城の石垣を赤く染める鮮烈な夕日

所在地 鳥取県米子市久米町
築城年 応仁元年（1467）頃
主な城主 吉川広家・中村一忠など

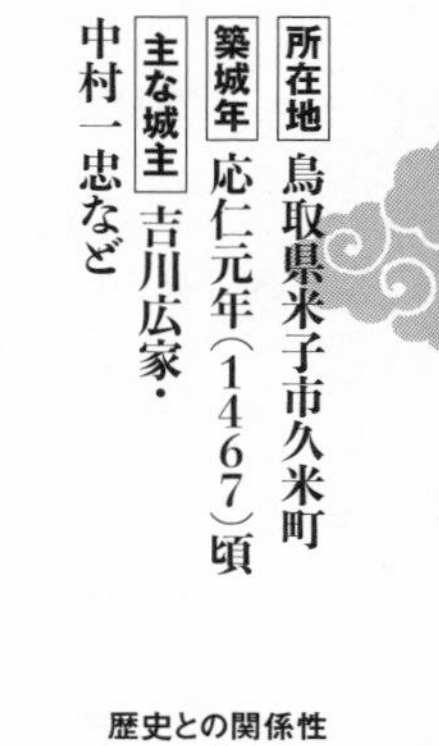

米子城は応仁の乱の頃、西軍の山名氏が東軍の尼子氏に対抗するために築いた砦がはじまりと伝えられている。天正《てんしょう》19年（1591）、月山富田城（島根県）城主の吉川広家《きっかわひろいえ》が陸海の要衝の地にあたる米子に大規模な築城工事を行い、中海に面した標高約90mの湊山山頂を本丸とし、そこに四重の天守を築いた。さらに本丸の西北には内膳丸《ないぜんまる》、東にそびえる飯山には出丸、そして山麓にかけて二の丸と三の丸を配し、周囲には中海の海水を引き入れた堀をめぐらすという、本格的な城郭へと改修した。

だが慶長《けいちょう》5年（1600）の関ヶ原の戦いにおいて、毛利輝元《もうりてるもと》が西軍の総大将となっていたため、広家は所領を削られ周防岩国へ転封《てんぽう》となる。代わって駿府から中村一忠《なかむらかずただ》が伯耆一国17万5000石の領主となり、米子城へ移ってきた。それとともに一忠は城の大改築を行い、広家が築いた天守の横に新たに五重の天守を築いた。こうして米子城は四重天守

天守台からは米子港と中海が一望でき、港を行き来する船も手に取るように把握できる

と五重天守が並立する城となった。

米子城は現在では建物は残されていないが、湊山公園として整備されている。枡形《ますがた》門跡から本丸跡まで歩いて15分ほどだ。途中で本丸跡と内膳丸跡への分岐点に至る。本丸跡へと登れば、三段の見事な石垣に目を奪われるであろう。一番上が天守台で、その横に四重櫓台の高石垣がある。天守台に登ると中海や大山《だいせん》などを一望することができる。とくに秋になると、中海に沈む夕陽が美しく印象的。見事な本丸の石垣が赤く染まる光景を眺めていると、かつて存在したふたつの天守の荘厳な姿も目に浮かんでくる。さらに石垣に沿って散策すると、水手御門《みずのてごもん》跡や遠見櫓《とおみやぐら》跡も見られるのだ。

海と空の狭間に建つ石垣のグスク

今《な》帰《き》仁《じん》城《ぐすく》

所在地 沖縄県国頭郡今帰仁村今泊
築城年 13世紀頃
主な城主 北山王など

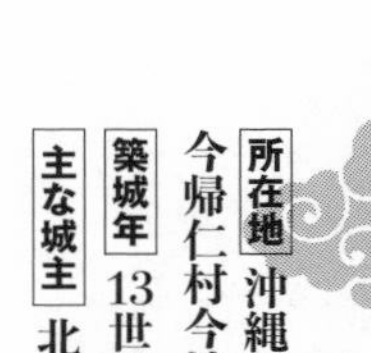

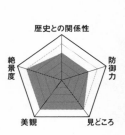

沖縄の観光といえば、多くの人が美しい砂浜とコバルトブルーの海で楽しむマリンスポーツを連想する。だが忘れてはならないのが、沖縄らしい風情が味わえる世界遺産「琉球王国のグスク及び関連遺産群」だ。グスクというのは城という漢字があてられるが、本土の城とは異なり、単なる軍事拠点として築かれたものとは考えられていない。グスクの起源に関しては聖域や集落、そして城館といった説がある。そのためほとんどのグスクには、沖縄における信仰の聖地である御嶽《うたき》が置かれている。

そんなグスクのひとつ、沖縄本島北部の本部《もとぶ》半島にある今帰仁城は、14世紀に琉球王国が成立する以前から存在していた北山王《ほくざんおう》の居城であり、北山城とも呼ばれた。ひとつの王国になる前の琉球は北山、中山《ちゅうざん》、南山《なんざん》という三つの勢力に分かれており、それぞれ王が治めていた。歴代の北山王はカリスマ性を備えており、今帰仁城は難攻不落と謳われた。グ

曲線を描く石垣越しに望む東シナ海。空と海が織りなす青のコントラストを楽しもう

スクの周りを流れる志慶真川《しげまがわ》沿いに城壁がそびえ立ち、石灰岩が積まれたその高さは6～10mで、蛇のようにくねくねと曲がり防御機能に優れていた。だが1416年（1422年説もある）、北山王は中山の尚巴志《しょうはし》に滅ぼされ、薩摩の侵攻により廃城になるまで中山の監守が在城した。

城の遺構は標高約100mの高台上に点在していて、城内の至る所から美しい東シナ海を望むことができる。見事な曲線を描く石垣の周囲に折り重なるように群生する樹木の濃い緑、空と海が一体になった鮮やかな青が織りなす色彩は、訪れた人の目を奪う。城内北端に立てば伊江島、伊是名島、伊平屋島、好天時は与論島まで見渡せる。

弘《ひろ》前《さき》城《じょう》

城のお堀に広がる桜色の絨毯

所在地 青森県弘前市下白銀町
築城年 慶長14年（1609）
主な城主 津軽信枚・寧親など

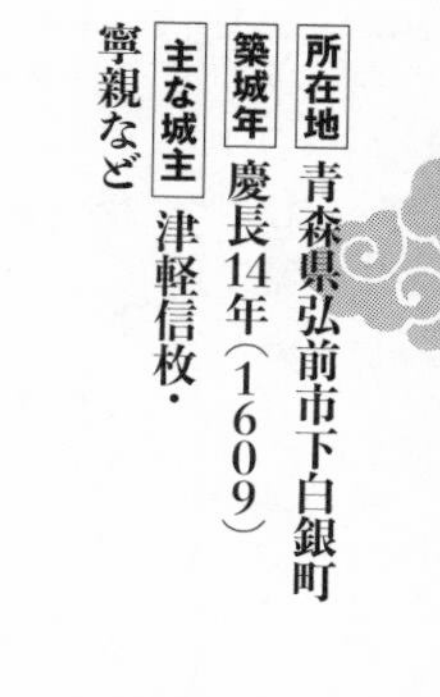

天正《てんしょう》18年（1590）に津軽地方統一を成し遂げた津軽為信《つがるためのぶ》が、慶長《けいちょう》8年（1603）に成立した江戸幕府の許しを得て高岡（現在の弘前）で新城の建設計画を進めた。しかし為信の死去により計画は一時中断し、慶長14年（1609）に二代目の信枚《のぶひら》が工事を再開。領内の堀越城や大浦城（ともに青森県）の遺材を転用し、急ピッチでの築城を進め、1年と数か月で完成させたのが弘前城だ。当初は五層の大天守だったが、寛永《かんえい》4年（1627）の落雷により焼失。以来、約200年天守がない状態が続く。九代藩主・寧親《やすちか》が文化《ぶんか》7年（1810）、天守櫓移築という名目で幕府の許可を得て、隅櫓を改造する形で新築されたのが、御三階櫓と称される現存の天守だ。

弘前城といえば、桜の名所として名高い。毎年多くの雑誌やポスターで取り上げられるほど美しく、見頃を迎える5月の連休には200万人を超える人が訪れることでも知られる。

水堀際に咲き誇る桜。満開時には、堀に映る桜や花筏なども楽しめる

弘前城には約50種類、2000本を超える桜が植えられている。本丸広場には枝垂れ桜、堀際にはソメイヨシノが咲き誇る。樹齢100年を超えるソメイヨシノも300本以上ある。西濠にある「桜のトンネル」と呼ばれる通路からの眺めも格別だ。

厳しい冬の間、雪に閉ざされる北国津軽では、5月の連休頃に一気に春を迎え、桜だけでなく梅やコブシなども一斉に花開くのだ。それも人気の要因である。とくに天守と下乗橋、それに内濠が桜の花に彩られた姿は、大変素晴らしい。

現在、石垣の修復のために天守が本丸内の仮天守台に移動しており、しばらくは岩木山を背景にした天守が見られる。

高《たか》遠《とお》城《じょう》

〝天下第一〟と称えられる日本屈指の桜の名所

所在地 長野県伊那市高遠町東高遠
築城年 不明
主な城主 諏訪（武田）勝頼・仁科盛信など

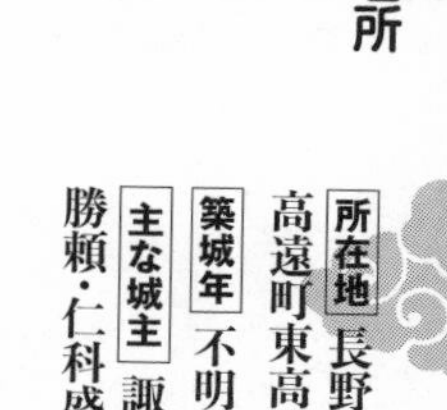

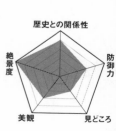

高遠城は「天下第一の桜の城」と呼ばれている。それは城址や公園などの桜は、ほとんどがソメイヨシノなのに対し、高遠城はコヒガンザクラということもある。花はソメイヨシノよりも小ぶりだが赤味が強く、可愛らしい印象を受ける。エドヒガンとマメザクラの交雑種であるが、高遠城址公園以外には群生が見られない珍しいものだ。明治《めいじ》8年（1875）、荒れ果てたままになっていた高遠城址をなんとかしようと、旧藩士たちが馬場にあったこの桜を、城址に移植したのがはじまりと伝えられている。

今は桜の名所として知られている高遠城の正確な築城時期はわからないが、正平《しょうへい》年間（1346〜70）に高遠信員《たかとおのぶかず》が築いたと伝わる。天文《てんぶん》14年（1545）4月、高遠頼継《たかとおよりつぐ》が城主の時に武田信玄の大軍に囲まれ降伏。信玄はこの城を伊那地方への進出の拠点とするため、天文16年（1547）に山本勘助《やまもとかんすけ》、秋山虎繁《あきやまとらしげ》に命じ、武田流の技法を駆使した大規模

本丸と二の丸を隔てる堀にかかる桜雲橋。その名の通り、春にはピンクの雲のような桜に覆われる

な改築を行った。永禄《えいろく》5年（1562）には諏訪（武田）勝頼が城主となり、元亀《げんき》元年（1570）には信玄の弟・信廉《のぶかど》が入る。天正《てんしょう》9年（1581）になると勝頼の弟の仁科盛信《にしなもりのぶ》が高遠城主となるが、翌天正10年2月、織田信長の嫡男・信忠《のぶただ》が率いる5万の大軍に攻められ、落城した。

江戸時代は保科氏、鳥居氏を経て元禄《げんろく》4年（1691）に内藤氏が入城。明治まで治めていた。今も各郭跡と深い空堀などが残り、戦国時代の面影を良くとどめている。二の丸跡から本丸跡に至る桜雲橋《おううんきょう》と問屋門《といやもん》は、現在の高遠城跡のシンボル。桜の枝が欄干にまで垂れ下がる桜雲橋は、空堀から眺めるのがおすすめだ。

郡《ぐ》上《じょう》八《はち》幡《まん》城《じょう》

紅葉の赤が映える白亜の天守

所在地 岐阜県郡上市八幡町柳町一の平
築城年 永禄2年（1559）
主な城主 遠藤盛数・常友など

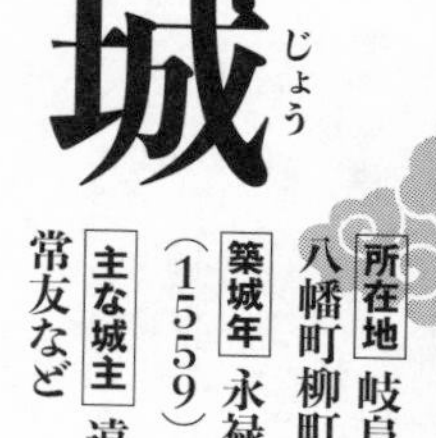

永禄《えいろく》2年（1559）8月1日、郡上一円を支配していた東氏の一族である遠藤胤縁《えんどうたねより》は、東常堯《とうつねたか》に暗殺された。兄を殺された遠藤盛数《もりかず》は、千余の兵を集め東殿山《とうどやま》城（岐阜県）の東氏を攻めるべく、対岸の八幡山に陣を敷いた。東氏を滅ぼし、郡上の支配者となった盛数は、東殿山城を廃棄し八幡山に新たな城を築く。こうして郡上八幡城の歴史が幕を開ける。盛数は永禄5年（1562）に没し、跡を慶隆《よしたか》が継ぐ。その後、天正《てんしょう》16年（1588）に稲葉貞通《いなばさだみち》が城主となり、山上の本丸には天守が築かれ、山腹を二の丸として居館を置き、近世城郭としての体裁が整えられた。だが貞通は関ヶ原の戦いで西軍に与したことで、戦後は豊後臼杵に転封《てんぽう》となる。代わって慶隆が郡上2万7000石を与えられて城主に返り咲いた。慶隆は慶長《けいちょう》6年（1601）から8年の歳月を費やし、城の大改修を実施した。

江戸時代は遠藤氏が五代、井上氏二代、金森氏二代の後、青山氏が七代続き明治維新

白い天守を鮮やかな紅葉が彩る様は、まるで天守が燃えているようだとも評される

を迎える。明治《めいじ》4年（1871）に廃城となり、石垣を残して取り壊されるが、1933年に大垣城（岐阜県）を参考にした四層五階の木造模擬天守が、ふたつの隅櫓と高塀とともに再建された。

これは日本最古の木造再建城で、司馬遼太郎はその著『街道をゆく』のなかで、「日本で最も美しい山城」と称えた。年月を経た木造の城内は、大胆な吹き抜けの構造や急な階段が趣を感じさせる。さらに秋になると美しい紅葉が、白亜の天守に彩りを添えるのだ。天守最上階からは奥美濃の山々の重なりと、狭い盆地に軒を連ねる城下の家並みが、まるで絵画のような見事な光景となって目を楽しませてくれる。

天守台からは、引田の町並みと瀬戸内海が一望できる

瀬戸内海を望む断崖絶壁の城

引《ひけ》田《た》城《じょう》

所在地 香川県東かがわ市引田
築城年 室町時代末期
主な城主 四宮右近・生駒親正など

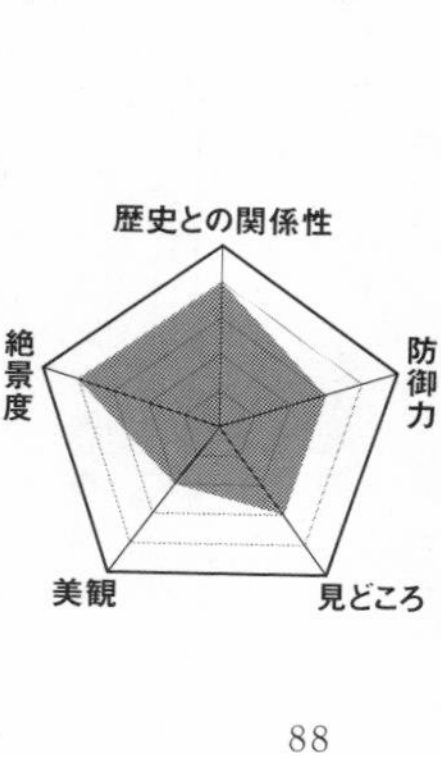

讃岐と阿波の国境に立地する引田城は、室町時代の末期、寒川氏に属した四宮右近《しのみやうこん》が築いたと伝えられている。標高82mの城山山頂に築かれた山城だが、同時に東側を除く三方が海に面した海城という要素も兼ね備えていた。尾根伝いにコの字型に曲輪が築かれ、櫓も備えていた。登城口は唯一海に面していない東側で、急な坂を10分ほど登れば本丸に到着する。天守台跡からは目の前には瀬戸内海が広がり、引田の町並みや淡路島を遠望することもできる。山と海の眺望を一度に味わうことができる、贅沢な城なのである。この景観に加え、初期に築かれた算木積《さんぎづ》みの石垣、姫たちが化粧水に利用した人工の化粧池など、城内にも見どころが多く残されている。

移築された黒門と紅葉。見頃の時期は周辺に露店が立ち、観光客で賑わう

秋《あき》月《づき》城《じょう》

紅葉のトンネルの奥にたたずむ移築門

所在地 福岡県朝倉市秋月野鳥
築城年 建仁3年（1203）
主な城主 秋月種雄・黒田長興など

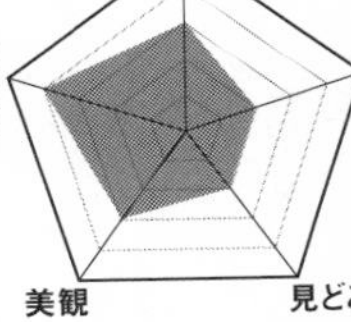

三方を山で囲まれ南に開けた秋月の町は、地理的に攻めにくく守りやすい盆地である。中世に秋月氏が山城を築き、十六代にわたって治めた。その後、元和《げんな》9年（1623）になると福岡藩主・黒田長政の遺命により、三男の長興《ながおき》に夜須《やす》郡・下座《げざ》郡・嘉麻《かま》郡から5万石が分与され、秋月藩が成立。長興が陣屋形式として廃城となっていた秋月城を整備した。この城の見どころは、黒門周辺にある約20本のカエデである。紅葉シーズンになると、赤く色づいたカエデの葉と黒門のコントラストが、訪れる人の目を楽しませてくれる。黒門をくぐりカエデを鑑賞しながら石段を進めば、長興を祀った垂裕《すいよう》神社へたどり着く。昔のままの姿が残る城下町も見逃せない。

武田信玄の「人は城」はウソ!?

「人は城、人は石垣、人は堀」。武田信玄の名言と伝わるこの言葉は、組織における人の大切さを説いている。卓越した人材育成・登用術で強固な家臣団を築いた信玄は、この言葉の知名度と、本拠地の躑躅《つつじ》ヶ《が》崎館《さきやかた》（→P94）が平地の居館だったことから「城を築かなかった戦国大名」のイメージが先行しがちだ。しかしこれは誤解で、信玄は領内に多くの支城を築いていたし、戦の時は最前線に土の城を次々と築いた。その築城技術は、江戸時代に入ると「武田流」や「甲州流」と呼んで分類されたほどだ。

特徴のひとつは、河川の流れが生んだ河岸段丘を好んで利用したこと。例えば牧之島城（長野県）は、南北西の三方に犀川がめぐる。崖と川に接した面は自然地形による堅い守りとなるのだ。ほかにも、長大な横堀を築いたり虎口《こぐち》に工夫をこらして守った。

虎口の工夫として特徴的なのが丸馬出《まるうまだ》しで、武田流の特徴としてよくあげられる。馬出しとは虎口の前面に設けた攻守の拠点で、武田の城には半円状の丸馬出しが多い。天竜川の河岸段丘に位置する大島城（長野県）は、正面に丸馬出しと枡形を構え、広範囲に横堀がめぐる。

しかし近年の調査で、長らく武田流のお手本といわれてきた諏訪原城（→P68）の丸馬出しと三日月堀が、後の徳川氏による築造だと判明した。考えてみれば有用な技術を自軍に採用するのは当然で、われわれ見る側も決めつけを排除し、広い視野で見る必要がありそうだ。

大島城では、現在も丸馬出しを構成する三日月堀などの遺構を確認することができる

5章

人気戦国武将の居城 10選

仙《せん》台《だい》城《じょう》

独眼竜が築いた仙台藩の政庁

所在地 宮城県仙台市青葉区川内
築城年 慶長7年（1602）
主な城主 伊達政宗・忠宗など

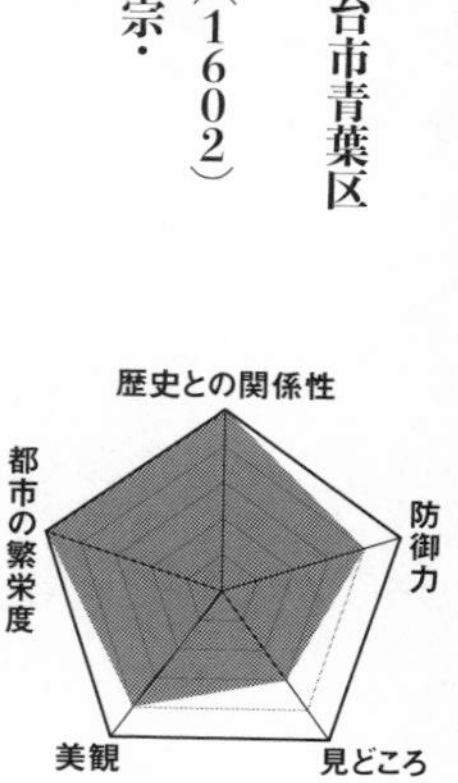

若くして南奥州を統一し、天下への野望を持ち続けながらも、生まれた時代が遅かったため時勢に逆らえず、「遅れてきた英雄」と呼ばれることもある伊達政宗。豊臣秀吉、徳川家康とふたりの天下人に臣従し、江戸時代には仙台藩初代藩主となった。政宗は、慶長《けいちょう》6年（1601）から居城の普請《ふしん》を開始。翌年には完成した城へ移っている。

慶長6年といえば関ヶ原の戦いの翌年であり、天下はほぼ家康に掌握され、合戦の少ない時代になっていた。このため、当時の城は政庁として使いやすい平城が多かったが、仙台城は東を広瀬川に削られた断崖、西を御裏林と呼ばれる原生林、南を深さ40mの竜ノ口渓谷に囲まれた要害・青葉山に築かれた山城だった。武士の矜持を大切にした政宗は、実戦に対応できる堅牢な城造りにこだわったのだ。

ただし、家康や江戸幕府から警戒されないよう、山頂の本丸には天守を築かず、高石垣

本丸跡に立つ伊達政宗像。政宗の没後300年である1935年に建立されたが、太平洋戦争の金属供出で失われた。現在の像は1964年に造られた二代目である

の上に築いた艮櫓《うしとらやぐら》を実質的な天守として使ったという。その一方で本丸御殿には、将軍が訪れた際に専用の席となる上々段を構えた大広間や、崖から張り出した懸造《かけづくり》で仙台城下を一望できる眺瀛閣《ちょうえいかく》など、絢爛豪華な建造物を配置した。

政宗没後、後継者となった嫡男・忠宗《ただむね》は、青葉山の麓に二の丸と三の丸を築いた。やはり、山頂にある本丸では政務に支障があったためだ。こうして仙台城は平山城となり、二の丸を中心として幕末まで藩庁として機能した。現在は二の丸跡に東北大学、三の丸跡に仙台市博物館が建つ。三の丸から本丸へ至る清水門跡の石垣は、政宗時代のものが伝わっているという。

戦国最強・武田氏の繁栄を支えた本拠地

躑躅ヶ崎館《つつじがさきやかた》

所在地 山梨県甲府市古府中町
築城年 永正16年（1519）
主な城主 武田信虎・信玄・勝頼

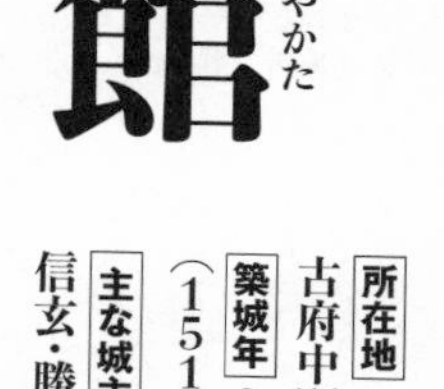

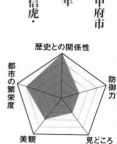

「甲斐の虎」の異名を取る武田信玄は、戦国最強と恐れられた騎馬軍団を率い、現在の山梨県を拠点に長野県や岐阜県にまで領土を広げた。しかし武力一辺倒ではなく、人材を大切にして家臣を手厚く遇したため、家中の結束力も強かった。武田氏の軍略を記した『甲《こう》陽軍鑑《ようぐんかん》』には、「人は城、人は石垣、人は堀」という言葉が残されている。

この言葉から、信玄は国防において城よりも家臣の結束を重視したとされる。さらにその印象を強めている理由が、躑躅ヶ崎館を居館とした点にあるだろう。実際、躑躅ヶ崎館は土塁と三重の堀をめぐらせただけの、住居に近い建造物だった。しかしそれもそのはず、軍事拠点の城の役割は、館の背後にそびえる要害山に築いた要害山城が担っていたのだ。

躑躅ヶ崎館は生活と政務の場で、合戦となれば要害山城に籠城する使い分けをしていたのである。この館と城は、信玄の父・信虎《のぶとら》が永正《えいしょう》16年（1519）に築き、信玄の跡を継い

現在、躑躅ヶ崎館の主郭には武田信玄を祀る武田神社が鎮座している

だ勝頼まで三代にわたって武田氏の拠点となった。信玄の母・大井の方は、要害山城に避難している際に信玄を出産したという。

それでは躑躅ヶ崎館は容易に攻略できるのかというと、もちろん一筋縄にはいかない。注目すべきは、虎口の前に構えた丸馬《まるうま》出《だ》しだ。この形状は武田氏の支城によく見られることから、武田流築城術の特徴とされる。正面には三日月型の堀があるため、左右の狭い虎口から攻めるしかなく、敵を狙撃しやすい構造になっていた。

信玄死後、勝頼は西曲輪と北曲輪を増築。さらに武田氏滅亡後は徳川家康のものとなる。信玄の築城技術を尊敬していた家康は館を改修し、梅翁曲輪《ばいおうくるわ》などを増築した。

"軍神"上杉謙信が生涯の拠点とした山城

春日山城《かすがやまじょう》

所在地 新潟県上越市大字中屋敷ほか
築城年 正平年間（1346~70）
主な城主 上杉謙信・景勝など

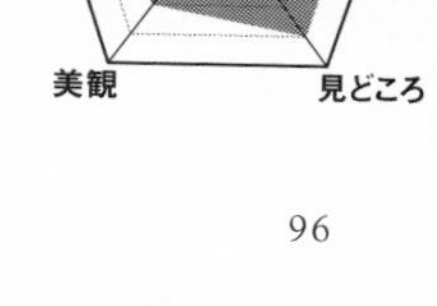

「第一義《だいいちぎ》」を家訓に掲げた上杉謙信は、「越後の龍」の異名を取る優れた武人だが、私欲の戦いを嫌った稀有な人物である。武田信玄との5度にわたる川中島の戦いや、関東遠征などの合戦はどれも救援を求める声に応えて行ったもの。そんな謙信だからこそ故郷の越後を大切に思い、その地に築かれた春日山城を生涯の居城とした。

春日山城は南北朝時代から越後国守護・上杉氏が詰城として使用したと伝わる。戦国時代に謙信の父・長尾《ながお》為景《ためかげ》が整備し、謙信が増築を施して標高180mの春日山全体を城域とする巨大要塞に育てた。なお、謙信は上杉氏と強固な縁戚関係にある長尾氏の出身であり、のちに上杉氏の養子に入って上杉姓となっている。城内には山を削平して建造した曲輪が頂上の本丸まで尾根沿いに多数配置されており、曲輪と曲輪の間は土塁と空堀で防御能力を強化した堅牢な造りだ。ただし、あくまで中世の土の城であり、石垣は存在しない。

城内に立つ上杉謙信公像。駐車場の近くに立っているので、登城の際は彼に挨拶してから登ろう

また頂上の曲輪は便宜上、天守台と呼ばれるが、天守もなかったと考えられている。

謙信は大変信心深く、仏教に帰依《きえ》して自らを武神・毘沙門天《びしゃもんてん》の化身と名乗った。合戦前の瞑想が一種のルーティーンで、その際にこもった毘沙門堂は本丸のすぐ隣に配置されており、重要な設備だったことがうかがえる。謙信の常勝の戦略は、毘沙門堂があってこそ生まれたといえるだろう。

謙信は後継者を決める前に急死したため、養子の景勝《かげかつ》と景虎《かげとら》が御館の乱で跡目争いを行い、春日山城は内乱の舞台となった。勝利した景勝は豊臣政権で活躍し、会津に加《か》増転封《ぞうてんぽう》となる。春日山城には代わって堀秀《ほりひで》治《はる》が入り、山麓に監物堀を施すなどした。

発掘調査でよみがえる雅やかな〝北ノ京〟

一《いち》乗《じょう》谷《だに》城《じょう》

所在地 福井県福井市城戸ノ内町
築城年 文明3年(1471)?
主な城主 朝倉孝景・義景など

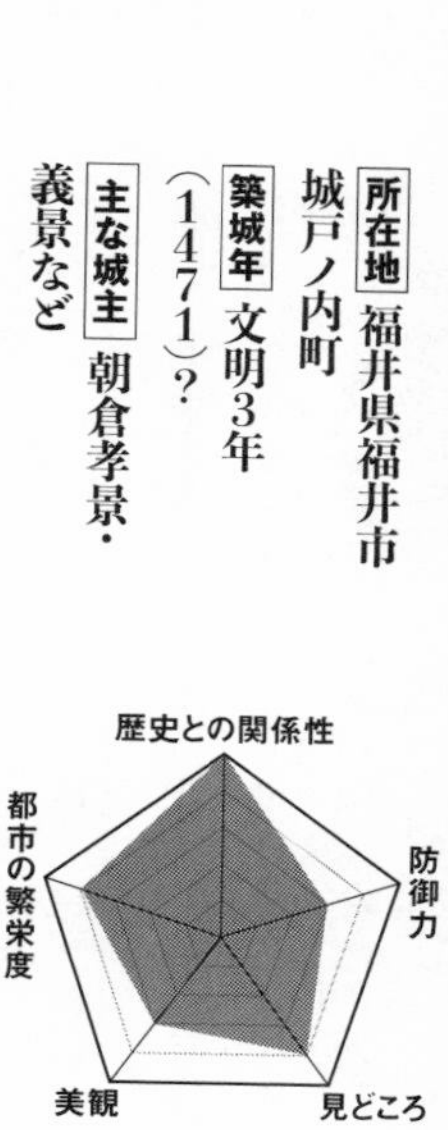

朝倉氏は、南北朝時代から越前で栄えた名門である。その十一代にして最後の当主・朝《あさ》倉義景《くらよしかげ》は、茶道、和歌、能楽などの芸事を幅広く好む文化人だった。一方で、戦国の世に生まれながらも領地の奪い合いには興味が薄く、後の室町幕府十五代将軍・足利義昭が亡命してきた時も積極的に中央政権と関わろうとはしなかった。最終的には、義昭の権威を利用してのし上がった織田信長に攻め滅ぼされることとなる。

しかし、義景を単に覇気のない戦国大名と決めつけるのは早計だ。なぜなら義景が住んだ一乗谷は、標高200～400mの山に囲まれた盆地の狭隘《きょうあい》な地点に下城戸と上城戸という土塁を施し、谷全体を防御壁のように利用した天然の城塞都市だったのである。守りの堅い本拠地があるなら、無理に攻めないのもひとつの対処法だ。義景はこの一乗谷で朝倉氏館を居館とし、館の背後の山に一乗谷城を構えていた。朝倉氏の興亡を記した『朝倉《あさくら》

一乗谷では朝倉氏館など山麓の遺構の発掘が進んでいる。写真は、調査に基づいて復元された武家屋敷

始末記《しまつき》』によると、七代当主・孝景《たかかげ》が文明《ぶんめい》3年（1471）に築いたとされるが、近年では15世紀前期には築城されていたとも考えられている。

一乗谷は京に近く、応仁の乱の際には公家や文化人が避難した。その結果、京風の文化が隆盛し「北ノ京」と呼ばれる都市に発展。義景が多彩な文化に通じていた背景には、このような環境も影響していた。信長の脅威が迫った元亀《げんき》年間（1570〜73）には、竪堀を施すなどの改修を行った。

朝倉氏の滅亡後、越前の中心地は北ノ庄城（→P168）へ移り、一乗谷は土に埋もれた。1972年からはじまった発掘調査では、良好な遺構が発掘されている。

天下人の下積み時代を支えた〝出世城〟

浜《はま》松《まつ》城《じょう》

所在地 静岡県浜松市中区元城町

築城年 永正年間（1504～21）

主な城主 徳川家康・水野忠邦など

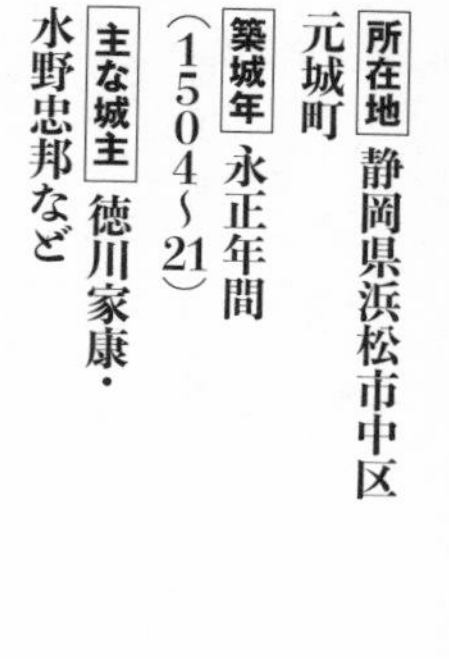

大坂の陣で豊臣氏を滅ぼし、戦国の世に幕を引いた徳川家康。江戸幕府を開いて徳川氏による統治体制を整え、約260年続く天下泰平の基礎を築いた。しかしそこまでの道は平坦ではなく、幼少期は織田氏や今川氏の人質として過ごし、徳川氏当主となった後も織田信長と豊臣秀吉に忍従して天下取りの好機を狙い続けた苦労人だ。

そんな苦労の途上にあった家康が、元亀《げんき》元年（1570）に入城した城が浜松城である。もとの名を曳馬《ひくま》城というが、〝馬を退く〟つまり敗戦を連想させるため、家康が周辺の地名を取って改名した。曳馬城は室町時代中期の築城と考えられており、戦国時代には今川氏に仕える飯尾氏の城だった。これを家康が攻め取った際、城主・飯尾連龍《いのおつらたつ》は謀反の嫌疑で今川氏に誅殺されており、妻のお田鶴《たづ》の方が城を守ったと伝わる。

浜松城は、甲斐の武田信玄の進出を防ぐために重要な拠点だった。そこで家康はもとの

本丸には、若き日の家康の銅像が天守を見守るように建つ。手に持っているのは、家康の兜の前立てにもあしらわれていた歯朶（しだ）である

居城である岡崎城（愛知県）を嫡男・信康《のぶやす》に譲り、自らは浜松城の増改築に励んだ。家康が拡張した浜松城は台地の傾斜に沿って最高域に天守曲輪を配し、下りながら曲輪を連ねた梯郭式《ていかくしき》城郭である。結果的に家康は17年間を浜松城で過ごし、この間に三方ヶ原の戦い、長篠の戦い、小牧・長久手の戦いなどの重要な合戦を戦い抜き、次に駿府城（→P169）へと居城を移した。

家康の関東移封後、秀吉家臣・堀尾吉晴《ほりおよしはる》が浜松城に入り、天守や野面積《のづらづ》みの石垣を築いたといわれる。江戸時代の城主からは、水野忠邦をはじめとして老中などの幕府要職に就く者が多く輩出されたため、浜松城は「出世城」と呼ばれるようになった。

小谷城《おだにじょう》

山全体を城砦化した浅井三代の居城

所在地 滋賀県長浜市湖北町伊部
築城年 大永3年（1523）
主な城主 浅井亮政・久政・長政

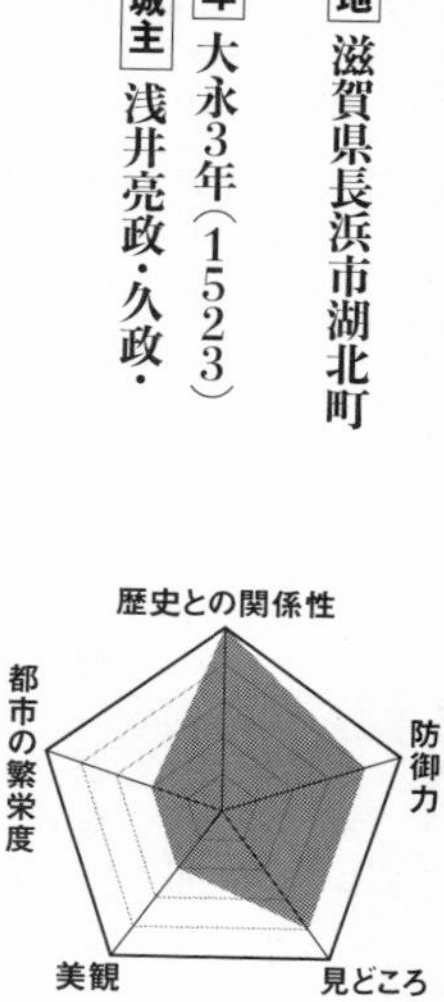

浅井《あざい》長政《ながまさ》は、北近江に覇を唱えた戦国大名・浅井氏の三代目にして最後の当主である。織田信長の妹・お市の方と結婚して信長と同盟を結んだ。しかし信長と越前の朝倉義景《あさくらよしかげ》が対立すると、代々の同盟関係にある朝倉氏との縁を優先して離反したため、信長に滅ぼされた。お市の方とは仲睦まじく、ふたりの間に授かった三姉妹の茶々、初、江はそれぞれ豊臣秀吉、京極高次《きょうごくたかつぐ》、徳川秀忠に嫁いで波乱の人生を送った。

長政が誕生し居城とした小谷城は、長政の祖父で浅井氏初代の亮政《すけまさ》が大永《だいえい》3年（1523）頃に築いた山城。標高約500mの急峻な地形を生かして、尾根沿いに本丸や中の丸などの曲輪群、北西方向に大嶽《おおづく》砦を構えていた。本丸北側の山王丸には、3mもの高さにおよぶ大石垣が施されている。近江では時代に先んじて石垣技術が発達しており、石垣の遺構は長政時代のものかは不明ながら本丸や小丸付近にも残る。

小谷城の戦いで最後の攻撃を行った浅井長政は、城の本丸に戻れず家臣の赤尾清綱屋敷で自刃したという

小谷城は山本山城などの支城群を擁していたため、長政排除に動いた信長はまず支城を寝返らせて味方に引き込んだ。そして、羽柴（豊臣）秀吉に命じて本丸と小丸をつなぐ京極丸を急襲。本丸に本陣を置いた長政と小丸に陣を構えた長政の父・久政《ひさまさ》の連携を断って、長政を孤立させた。ここに至って反撃の術を失った長政は、城内で自刃したという。この小谷城の戦いは、信長の徹底した分断作戦が功を奏したが、逆にいえばここまで手を尽くさなければ落とせない堅城だったのである。

長政自刃後、小谷城には秀吉が入城。しかし秀吉が新たに長浜城（滋賀県）を築くと一部を資材として使われ、廃城となった。

〝謀神〟毛利元就が拡張した巨大山城

吉《よし》田《だ》郡《こおり》山《やま》城《じょう》

所在地 広島県安芸高田市吉田町吉田
築城年 建武3年（1336）
主な城主 毛利元就・輝元など

中国地方の有力大名である尼子氏と大内氏の間で巧みに立ち回り、安芸の小勢力だった毛利氏を西国随一の戦国大名に育てた毛利元就。不利な状況でも謀略で勝利することから、「謀神」と恐れられた。大内氏を乗っ取った陶晴賢《すえはるかた》を奇襲で破った厳島の戦いは、日本史上の名勝負のひとつだ。また、次男・元春《もとはる》を吉川氏、三男・隆景《たかかげ》を小早川氏の養子に送り込み、両家を乗っ取ってサポート体制を整えるなど、外交手腕にも長けていた。

その謀略の本拠地となった元就の居城が、吉田郡山城だ。南北朝時代の建武《けんむ》3年（1336）、吉田の地に移住した毛利氏初代である時親《ときちか》が郡山に築城したと伝わる。当初は山の南東部のみが城域だったようだが、元就が拡張し郡山全体を要塞化した。元就時代の吉田郡山城は、標高約400mの山頂に本丸を配し、そこから放射状にのびる尾根を利用して約270もの曲輪が広がる大規模な山城となる。

城内には毛利元就の墓所など、毛利氏ゆかりの史跡が多数残されている

尼子軍に攻撃された吉田郡山城の戦いでは元就が城下で尼子軍を退けるなどして、城は大きな被害を免れており、石垣や土塁、井戸などの遺構が多く残る。本丸東側の姫の丸跡には現在、「百万一心碑」という石碑が建てられているが、これは元就が埋めたと伝わる石碑を再現したもの。新たに石垣を造る際、人柱の代わりにしたという。百万一心とは「皆が心をひとつにすること」であり、そのためにひとりひとりを大切にした元就の心配りがうかがえる。

吉田郡山城は元就没後も毛利氏の居城であり続けたが、孫の輝元《てるもと》が利便性の高い広島城（広島県）へ移ると役目を終え、江戸時代の一国一城令で廃城となった。

岡《お》豊《こう》城《じょう》

四国の雄・長宗我部元親の国取り拠点

所在地 高知県南国市岡豊町八幡
築城年 13世紀頃
主な城主 長宗我部国親・元親など

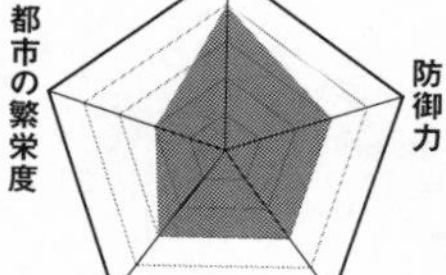

幼少期には内気な性格だったことから「姫若子《ひめわこ》」とあだ名された長宗我部元親。初陣の長浜城の戦いでは一変して勇猛な戦いぶりを見せ、「鬼若子《おにわこ》」と呼ばれるようになった。出身地の土佐を平定した後、阿波・讃岐・伊予もほぼ手中に収めて「土佐の出来人」とも呼ばれた四国の覇者だ。しかし、大軍で押し寄せた豊臣秀吉の四国攻めに屈し、以降は秀吉のもとで九州攻めや小田原攻めなどの天下統一戦に参戦した。

元親が四国平定戦を展開している間、居城としたのが岡豊城である。明確な築城年は不明だが、鎌倉時代頃に土佐入りした長宗我部氏が標高約１００ｍの岡豊山に築き、代々の居城にしたという平山城だ。元親の祖父・兼序《かねつぐ》の時代には、有力豪族の本山氏などに攻められて落城したこともあるが、和議を結んで再び長宗我部氏の城となった。このような紆余曲折の後、元親は岡豊城で誕生したのである。

岡豊城が築かれた当初の長宗我部氏は土佐の一豪族に過ぎなかったが、代を重ねるごとに勢力を広げ、元親の代には四国統一に手をかけるまでになった

岡豊城の曲輪は本丸にあたる詰が山頂に築かれ、北東側に二の丸にあたる二ノ段、南側に三ノ段、四ノ段と連なっていたようだ。さらに南には、厩曲輪《うまやくるわ》と呼ばれる出城もあったとされる。元親の時代には石垣はなかった可能性が高いが、土佐ではじめて礎石と瓦が使用されたという。元親が住んだと考えられる詰の館にも礎石が残っており、約70㎡の敷地に二層の建物が建っていたと推測されている。

秀吉の傘下となった元親は大高坂城（高知城／→P46）を改修して移り住んだが、水害に悩まされ一時的に岡豊城に戻った。そして、改修した浦戸城（高知県）に移り住むと、岡豊城は廃城となったのだった。

江戸時代から現存する二の丸の多門櫓。官兵衛時代のものではないが、貴重な遺構だ

福《ふく》岡《おか》城《じょう》

商都博多繁栄の礎となった巨大城郭

所在地 福岡県福岡市中央区城内
築城年 慶長12年（1607）
主な城主 黒田長政・忠之など

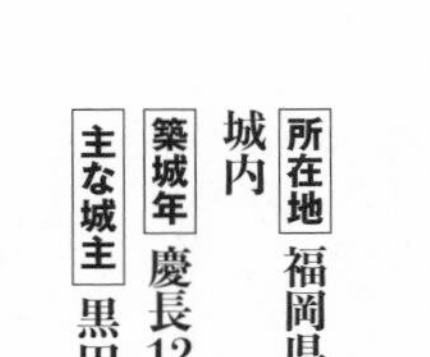

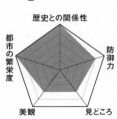

「秀吉に天下を取らせた参謀」といわれる豊臣秀吉の軍師・黒田官《くろだかん》兵衛《べえ》。しかし、関ヶ原の戦いに際しては時代の趨勢《すうせい》を見て徳川家康に味方し、戦功を上げて筑前の地を与えられた。

戦後、官兵衛がこの地に築いた城が福岡城だ。東の那珂川と西の草ヶ江干潟を堀として利用し、城の北側に城下町を擁する。城下町は博多湾に面しており、商業都市としての発展を見込んで水運を重視した立地だった。天守台に施された石垣の壮麗さは、築城名手と謳われた官兵衛の本領発揮といえる。ただし、天守台はあるが天守は現存せず、最初から造られなかったとする説もある。

官兵衛は福岡城の築城中に世を去り、嫡男・長政が完成させた。

城の正面を守る大手門は火災で失われていたが、2020年4月に当時の建築技術で復元された

猛将一族が築いた優美な御殿建築

鹿《か》児《ご》島《しま》城《じょう》

所在地 鹿児島県鹿児島市城山町
築城年 慶長9年（1604）
主な城主 島津家久・斉彬など

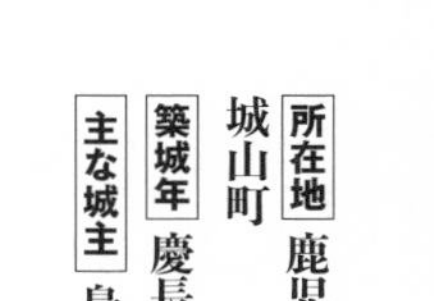

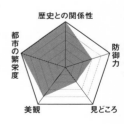

鎌倉幕府初代将軍・源頼朝に九州の管理を任命された島津氏は、現在も薩摩で続く名門だ。しかし、関ヶ原の戦いで勝者の徳川家康に敵対したため、江戸時代には幕府への恭順を常に示してきた。

そこで城も幕府ににらまれないよう、重厚で強固な造りは避ける必要があった。この結果、十八代当主・家久《いえひさ》が新たに築いた島津氏の居城・鹿児島城は、中世的な平屋の御殿建築が採用されている。武士らしい猛々しさはなりを潜めたが、優美な情景は鶴が翼を広げた姿にたとえられ、鶴丸城の異名で呼ばれることとなる。

北側の城山には詰城があり、幕末期の西南戦争の際はここに西郷隆盛らが布陣。武士による最後の戦いの決戦地となった。

もっと知りたい！ 城のアレコレ⑤

殿様は天守に住んでいなかった!?

展望施設としての魅力もあり、地域の観光資源のエースである城の天守。城主である殿様は、時代劇のワンシーンのように、毎日天守の最上階から城下を睥睨《へいげい》していた……というイメージがある。しかし実際に天守に住んで政務を行ったのは、天守を創出したその人、織田信長だけ。権威を示すにはもってこいの建物だが、中身はあくまで戦時に籠もるための軍事施設だったのだ。信長が住んだ安土城（→P10）天主（天守）の内部は障壁画などで豪華に飾られていたが、現存天守の内部は、床は板張りで梁や柱は剥き出しのまま。装飾性はなく、殿様の住居には適していない。

実は殿様は、天守ではなく「御殿」に住んで政務を行ったのである。天守は城のシンボルだったが、本当の城の中心は、本丸や二の丸に建てられた御殿だったのだ。御殿は、政務を行う政庁である「表御殿」と、城主と家族、女中たちが住む私的空間の「奥御殿」に分かれていた。当然御殿の内部は装飾性も居住性もありとても豪華。用途別の多くの部屋のほか、接待や遊興用の庭園や茶室、能楽堂を備えたものまであった。

御殿が現存する城は二条城（→P20）などの４城しかなく、実は天守よりも貴重なのだ。2018年に復元された名古屋城（→P36）本丸御殿は、当時の様子を体感できる。復元御殿は、彦根城（→P52）や熊本城（→P26）などにもあり、金沢城（→P38）でも計画が動き出している。今後は御殿がもっと注目されるかもしれない。

江戸時代に造られた本丸御殿が現存する川越城（→P194）

6章

激闘！合戦の舞台となった城10選

海《かい》津《づ》城《じょう》

川中島の戦いの契機となった武田の城

所在地 長野県長野市松代町
築城年 永禄3年（1560）？
主な城主 森長可・真田信之など

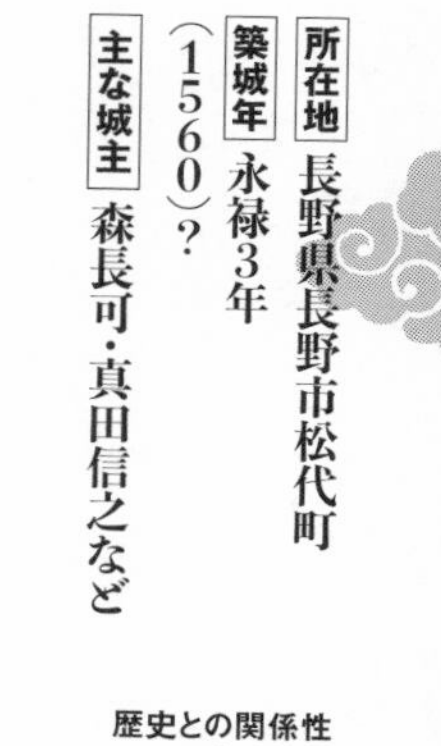

甲斐から信濃へ支配の手をのばした武田信玄が新たな拠点とするため、山本勘助《やまもとかんすけ》に命じて永禄《えいろく》3年（1560）頃に築かせたと伝わる。甲州流築城術、またの名を武田流築城術の傑作といわれ、その特徴である丸馬出《まるうまだ》しを2か所に持っていたという。馬出しは門の前に構築する小さな曲輪で、丸馬出しは特に半月状に築かれたものを指す。

この海津城が戦略的に重要な地位を占めた合戦が、第四次川中島の戦いだ。信玄と上杉謙信の宿命の対決である川中島の戦いは、信濃全域の支配を狙う信玄によって追い出された信濃の豪族が、謙信に救援を要請したことからはじまった。なかでも熾烈を極めたのが第四次の戦いで、メインとなった戦場名から八幡原の戦いとも呼ばれる。

はじめは八幡原西方の茶臼山に布陣した信玄だが、南方の妻女山に布陣した謙信を策にはめるため、南東方向の海津城へと移動した。海津城から送り出した別働隊による奇襲で

第四次川中島の戦いの舞台となった八幡原史跡公園には、信玄と謙信の一騎討ち像が立てられている

謙信を八幡原に逃げ込ませ、あらかじめ陣を張っておいた本隊で迎撃するという算段だった。この策は「啄木鳥《きつつき》戦法」と呼ばれ、勘助が進言したと伝わる。

しかし信玄の思惑を看破した謙信は、別働隊到着前に出陣していた。陣を回転させて新たな兵を次々送り込む「車懸りの陣」で迫る謙信軍に信玄軍は動揺するが、別働隊が合流して勢いを盛り返すと、謙信は頃合いと見て退却したため、合戦は引き分けとなった。この時、謙信の刃と信玄の軍配が交差したという伝説が残る。

海津城は信玄の信濃支配の重要拠点となり、江戸時代にはかつて武田氏に仕えた真田信之《さなだのぶゆき》が入城し、松代城と名を改めた。

唐《から》沢《さわ》山《やま》城《じょう》

軍神を10度撃退した「関東一の山城」

所在地 栃木県佐野市富士町
築城年 延長5年（９２７）？
主な城主 藤原秀郷・佐野昌綱

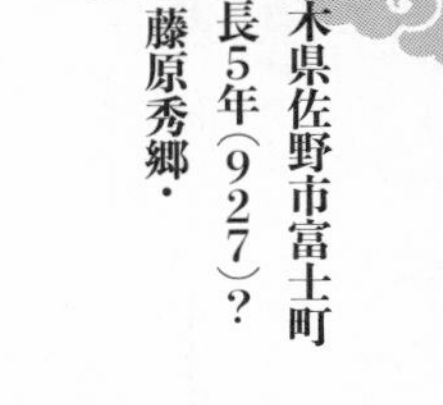

猛将・平将門を討ったほか、化け物退治の伝説も持つ平安時代の貴族・藤原秀郷《ふじわらのひでさと》が10世紀頃に築いたと伝わる城が唐沢山城だ。標高約２５０ｍの唐沢山山頂に本丸を構え、北は断崖、西は秋山川による天然の堀に守られた堅牢な山城である。代々、秀郷の血流を継ぐ佐野氏が城主を務めた。なかでも十五代当主・昌綱《まさつな》は、上杉謙信の攻撃を10年間に10回も受けたという唐沢山城の戦いで、城を守り通した策略家である。

謙信は関東を管理する関東管領・上杉氏の要請により関東平定に乗り出しており、その拠点とするために、関東と謙信の本拠地・越後の間に位置する下野南部の唐沢山城を手に入れたかった。しかし唐沢山城のあまりの険しさに攻めあぐね、手を引かざるを得なかったのである。また関東には謙信と敵対する北条氏康が勢力を広げていたため、昌綱は謙信の攻撃に耐えかねた時はひとまず降伏しておき、謙信が国元へ戻ると氏康と同盟して離反

本丸の石垣。唐沢山城は織豊期に改修を受けたため、関東の山城には珍しく石垣が残っている

するという行為を何度も繰り返す。謙信は唐沢山城の強固さと昌綱の状況判断力の両者に翻弄されたといえるだろう。

　そんな唐沢山城の最大の危機となったのが、永禄《えいろく》7年（1564）2月の戦いだ。この時の謙信軍の攻撃は三の丸と二の丸までおよび、あわや本丸まで踏み込まれる事態となった。しかし常陸の佐竹氏などが仲介に入って謙信を止めたため、昌綱は一命を取り留める。結局、謙信はこの後も唐沢山城を3年間攻め続けて落とせなかった。

　この堅城ぶりから「関東一の山城」と称賛された唐沢山城は、昌綱没後も弟の房綱《ふさつな》が強化し続けた。本丸には当時の最新技術の高石垣が施され、現代に伝わっている。

長《なが》篠《しの》城《じょう》

武田勝頼の三河進出を阻んだ断崖の名城

所在地 愛知県新城市長篠市場
築城年 永正5年（1508）
主な城主 菅沼元成・奥平貞昌

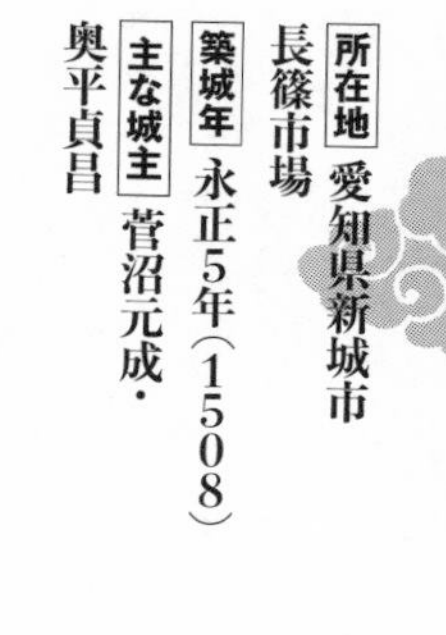

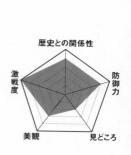

駿河の大大名・今川氏の同盟者である菅沼元成《すがぬまもとなり》が永正《えいしょう》5年（1508）に築城した長篠城は、今川氏の没落によって徳川家康のものとなり、後に領土拡大を狙う武田信玄に奪われるという過酷な経歴を持つ。寒狭《かんさ》川と宇連《うれ》川が合流する河岸段丘に東西と南を守られた堅城であることから、是非とも押さえたい防衛拠点だったのだ。

信玄死後、家康は同盟者の織田信長とともに長篠城を攻めて奪還し、武田氏からの主君替えで仕官した奥平貞昌《おくだいらさだまさ》を城将に置いた。信玄の後継者・勝頼はこれに激怒し、1万5000といわれる軍勢で長篠城を包囲。対する貞昌はわずか500の兵で城を守ったが、兵糧庫を焼かれるなどして絶体絶命となり、家康に援軍を求めた。

この時、援軍要請の使者に立った勇士が、守城兵の鳥居強右衛門《とりいすねえもん》である。強右衛門は決死の覚悟で家康が在城する岡崎城（愛知県）にたどり着き、援軍を得ることに成功。しか

南側から見た長篠城。寒狭川と宇連川が天然の堀となっており、侵入は容易ではない

し、長篠城に戻る途中で武田軍に捕縛されてしまった。そして勝頼から「援軍は来ないから開城せよ」と長篠城に呼びかけるよう迫られると、承諾したふりで城門の前まで行き、「あと数日で援軍が到着する」と高らかに報告した。強右衛門はその場で磔となり殺されたが、強右衛門の勇姿に城中は奮起。耐え抜く決意を新たにした。

強右衛門の言葉通り、2日後には約4万もの家康・信長連合軍が長篠城西方の設楽ヶ原に着陣。援軍到着を知った勝頼がこの撃退に動き、合戦は設楽ヶ原の戦いへと発展する。結果的に勝頼は敗れ、武田氏衰退の一因となった。長篠の戦いで損壊した長篠城は、そのまま廃城とされた。

牛馬や屍肉をも食い漁った過酷な籠城戦

鳥《とっ》取《とり》城《じょう》

所在地 鳥取県鳥取市東町
築城年 天文年間（1532～55）
主な城主 山名豊国・吉川経家

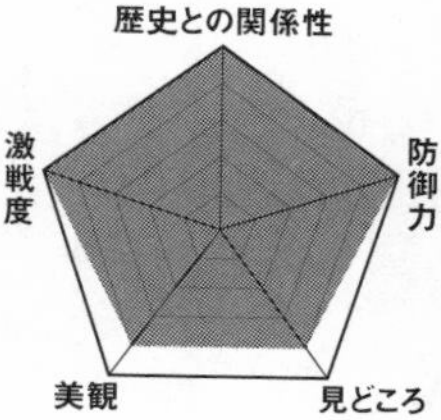

標高約260m、最大傾斜は40度にもなる久松山に築かれた鳥取城は、道が険しく攻城が困難という典型的な山城である。築城年ははっきりしないが、16世紀半ば頃に中国地方を本拠地とする山名氏が築いたと考えられている。尾根筋を利用して北西方向にふたつの支城を持つ点からも、攻め落とすことは至難の城だ。

後の天下人・豊臣秀吉が織田信長の家臣だった時代に、毛利氏の勢力圏である中国地方の攻略を命じられた。この中国攻めの一環として鳥取城も合戦の舞台となった。鳥取城の戦いは、別名「鳥取の飢《かつ》え殺し」ともいう。秀吉も鳥取城を力押しで落とすのは分が悪いと考えており、文字通りの飢え殺し、つまり兵糧攻めを行ったのだ。その戦略は徹底しており、城の包囲前から周辺の米を買い占めて城下の農民を城内に追い込んだうえで、鳥取城と支城を付城で囲んで補給路を寸断。これにより、城内に蓄えた兵糧はすぐに枯渇した。

秀吉が本陣を置いた太閤ヶ平（鳥取県）から見た鳥取城。両者の距離は互いの顔が見えるほど近かったという

城将・吉川経家《きっかわつねいえ》は主家の毛利氏に救援を求めようとしたが、秀吉は海側にも水軍を配しており、救援要請は不可能だった。

この結果、鳥取城内では地獄絵図が展開された。城内の人々は餓鬼《がき》のように痩せ衰え、雑草を噛み、馬の亡骸を貪った。餓死者は後を絶たず、生きているものは仲間の屍肉まで口にしたという。この惨憺《さんたん》たる籠城戦が4か月にも及び、経家はついに降伏を決意。自身の命と引き換えに城兵の助命を嘆願して自刃したが、生存者はわずかだったという。開城後、鳥取城には秀吉家臣・宮部《みやべ》継潤《けいじゅん》が入り、石垣などを整備した。現在見られる遺構はほとんどが継潤以降のものである。

小《こ》牧《まき》山《やま》城《じょう》

信長が築いた城で勃発した秀吉と家康の争い

所在地 愛知県小牧市堀の内
築城年 永禄6年（1563）
主な城主 織田信長・徳川家康

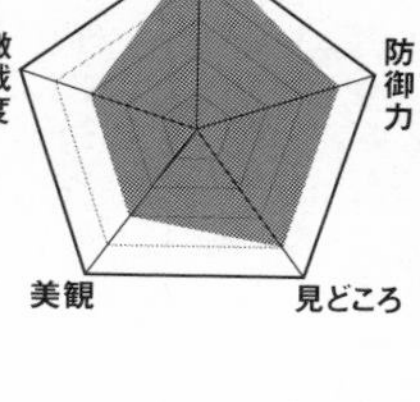

一般的に近代城郭の画期は織田信長が築いた安土城（↓P10）とされるが、もちろん安土城でいきなり変革したわけではない。信長も試作を重ねて理想の城を造ったのだ。なかでも小牧山城は、信長の城の変遷を知るうえで重要な手掛かりが残っている。

小牧山城には天守こそ設けられなかったが私生活用の居館があり、その周囲は三重の石垣で囲われていた。また、山麓の南東部では館の存在が判明しており、信長はここで政務を行っていたようだ。この館の使い分けは、岐阜城（↓P76）にも引き継がれている。これまで小牧山城は信長が長年住んだ清洲城（愛知県）と天下布武を宣言した岐阜城へのつなぎと考えられていたが、単なる中継点ではなく重要な試行錯誤の場だったのである。

信長が岐阜城に移ると廃城とされた小牧山城だが、信長の死後に勃発した小牧・長久手の戦いで徳川家康の本陣となる。この合戦は家康と羽柴（豊臣）秀吉がポスト信長の地位

家康の小牧山着陣を知った秀吉は、小牧から北東約5km位置する楽田城に布陣し、家康との決戦の時をうかがっていた（『国史画帖大和櫻』より）

をかけて争った重要な一戦で、万全を期した家康は戦場を眼下に望める小牧山城をいち早く押さえた。そして小牧山全体に土塁と堀をめぐらせたほか、随所に虎口を設けて戦闘に耐えうる城に改修。このため秀吉軍はうかつに手を出せなくなり、池田恒興《いけだつねおき》らが家康の本拠地である三河を奇襲するが、家康軍の返り討ちにあい、討死する事態となった。秀吉軍はほかの戦場でも苦戦を強いられ、戦況は家康有利に運んでいた。

ところが、家康がポスト信長の正当性を主張するために手を組んだ信長の次男・信雄《のぶかつ》が、秀吉の圧力で和議を結んでしまう。このため家康は合戦を続ける大義名分を失い、秀吉に臣従せざるを得なくなった。

徳川軍を翻弄した謀将の計略

上田城《うえだじょう》

所在地 長野県上田市二の丸
築城年 天正11年（1583）
主な城主 真田昌幸・仙石忠政など

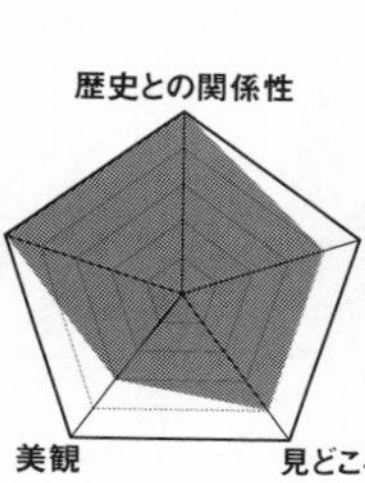

信濃の小大名に過ぎない身ながら、天下人・豊臣秀吉に「表裏比興の者」つまり〝油断ならないもの〟と評された真田昌幸《さなだまさゆき》。もとは甲斐の武田氏家臣だったが、武田氏滅亡により独力で領地を守る必要に迫られた。そこで織田信長、北条氏、徳川家康、上杉景勝《うえすぎかげかつ》、さらに秀吉へと次々後ろ盾を変えたことが、結果的に恐るべき策士と見られたのだ。

昌幸がそこまでして守ろうとした上田と沼田の地の防衛拠点となった城が、上田城だ。家康配下時代の天正《てんしょう》11年（1583）、景勝の進出を防ぐために家康の資金援助を受けて築かれた。北西方向は矢出沢川が天然の水掘となり、南は千曲川による河岸段丘の絶壁、東は城下町を配し、攻め込まれた時には罠を仕掛けられるというアイデアに富んだ城だ。昌幸はこの上田城に陣を構え、二度も家康配下の大軍を撃退している。

一度目は景勝への鞍替えに激怒した家康の命令で、鳥居元忠《とりいもとただ》らが攻め寄せた。対する昌

第二次上田城の戦いで、徳川軍を迎え撃つ真田父子を描いた『錦絵 真田父子上田篭城図』（上田市博物館蔵）

幸は城下町に罠をめぐらせ、北東の支城・砥石城（長野県）に伏兵として嫡男の信之《のぶゆき》を配して待機。罠に怯む家康軍に銃撃を見舞い、さらに信之の奇襲を浴びせて大勝利する。二度目は関ヶ原の戦いの際、主戦場へ向かう家康嫡男・秀忠の軍を足止めした合戦だ。初陣の秀忠は、父に認めてもらえる戦果を上げたかった。昌幸はこれを逆手に取って挑発や偽の撤退からの奇襲などを繰り返し、秀忠を釘付けにする。結局、秀忠は上田城攻略を諦めて退却するが、関ヶ原本戦に遅参して家康に激しく叱責された。

　昌幸死後は信之が城主となり、江戸時代に信之が移封されると仙石氏が入る。現在に残る石垣などは、仙石氏時代のものだ。

天下人の前に儚く敗れた北条軍の支城

山《やま》中《なか》城《じょう》

所在地 静岡県三島市山中新田
築城年 永禄年間（1558～70）
主な城主 北条氏勝など

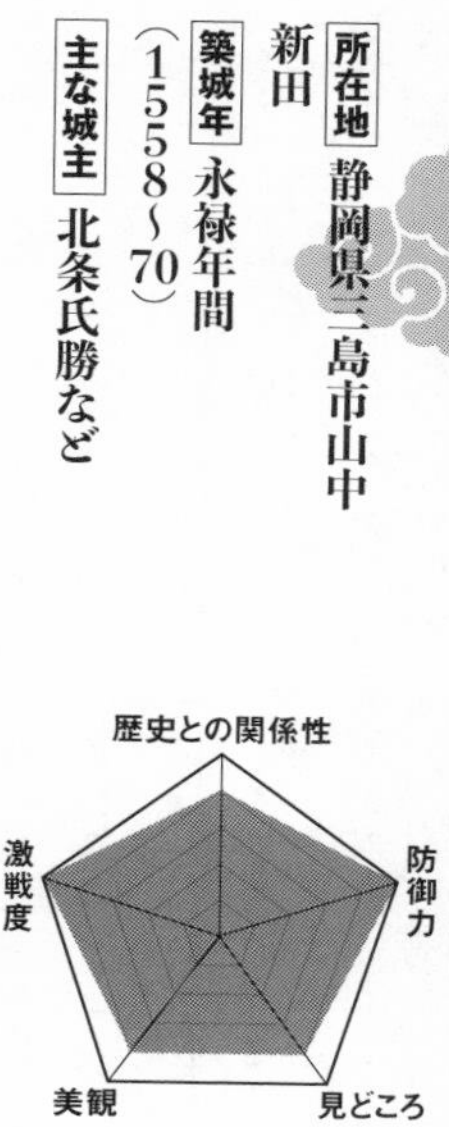

関東に君臨した北条氏は、本拠地・小田原城（→P14）を中心とした支城網を築いて領国支配を盤石にした。支城のなかには、小田原城防衛を目的とした軍事拠点も存在する。山中城はその典型例で、北条氏康が西方面の国境を守るため16世紀後半頃に築いた。腕に覚えのある氏康の技術が結集した城で、特に堀の底に仕切りをいくつも設けた堀障子や畝堀が最大の特徴。この壁によって堀内部での行動を制限できるため、弓や鉄砲で狙いやすくなる。また、曲輪の前に四角い小曲輪を置いて逆襲拠点とする角馬出《かくうまだ》し、内部が見えにくいように高低差を設けた擂鉢曲輪《すりばちくるわ》など、工夫を凝らした設備が随所に施された。

山中城で激戦が展開されたのは、豊臣秀吉による小田原攻めの際である。秀吉は臣従を拒む北条氏を誅する名目で、約22万もの大軍を動員して京を出立。このうち約7万といわれる兵が秀吉の甥・秀次に率いられて山中城に攻め寄せた。これに対して秀吉の出兵を予

山中城の堀障子。堀底にT字型の仕切りを設けて、敵の侵入を阻害する仕掛けだ。城内からは富士山を望む絶景も楽しめる

期していた氏康の後継者・氏政は、山中城に岱崎出丸《だいざきでまる》を増設するなどして強化しており、迎撃態勢は万全と思われた。

しかし、三つの尾根筋を利用した複雑な縄張りの山中城には、同じ場所に守備兵を多く置けない弱点があった。このため、約4000の城兵は圧倒的兵力差の前に各個撃破され、城将・松田康長《まつだやすなが》も討死。想定外の大軍に攻められた山中城は半日で落城してしまう。城内を偵察した秀吉軍兵士・渡辺勘兵衛《わたなべかんべえ》は「守備兵がいない区画を多く通った」という覚書を残している。

西の防衛線が容易く突破されたことは、北条氏の痛手であり誤算だった。そして小田原城は、いよいよ秀吉軍に包囲される。

短期間で出現した壮大な石垣

石《いし》垣《がき》山《やま》城《じょう》

所在地 神奈川県小田原市早川
築城年 天正18年（1590）
主な城主 豊臣秀吉

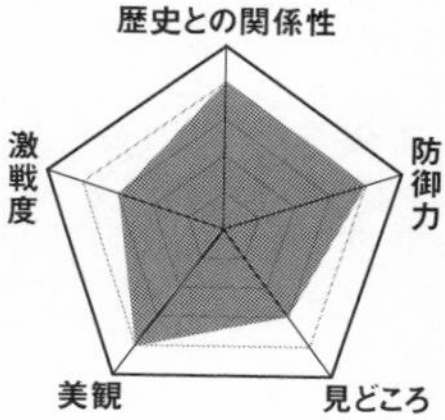

〝一夜城〟と呼ばれる城がある。当然ながら一夜で城が完成するはずもないが、そう感じるほどに短期間で築かれた城を指す呼称だ。豊臣秀吉が天下統一戦のクライマックスに行った小田原攻めで、付城として築いた石垣山城も一夜城である。もちろんこれも一夜で築かれたわけではないが、壮麗な石垣造りでありながら約80日間という驚異のスピードで完成した。しかも建設中は木の陰に隠しておき、完成と同時に木を切り落とすという演出をしたため、北条軍からは本当に一夜で完成したように見えたことだろう。

なぜ秀吉は、このようなパフォーマンスを行ったのか。それは、小田原城（→P14）に籠城した北条氏政・氏直父子に圧力をかけたかったからだ。秀吉は天下統一の障壁となる北条氏を降すために小田原攻めを開始し、居城・小田原城を包囲した。しかし小田原城は総長約9㎞にもおよぶ壮大な惣構《そうがま》えを持つ城で、力任せに攻め落とすことは難しい。

石垣山城と小田原城（丸印）の距離は約3km。石垣山城からは、小田原城や北条軍の様子が手に取るように見えたことだろう

そこで小田原城内の人々を心理的に追い詰め、戦わずに降伏させようと考えたのだ。

秀吉は石垣山城を築いただけでなく、城に側室・淀殿を呼び寄せて優雅に茶会を楽しむというパフォーマンスまで行った。いつ終わるとも知れない籠城中に、敵が楽しく遊んでいるとなれば、守城兵の士気が大きく落ちたことは想像に難くない。さらに、小田原城を支える支城群の落城の報告が相次ぎ、北条父子はついに降伏を決意した。

最後まで抗戦を主張した氏政は切腹して果て、和議を勧めた氏直は出家の身となり、関東に五代100年にわたって覇を唱えた北条氏は滅亡した。この後秀吉は奥州仕置で奥州も平定し、天下統一を果たす。

最後まで豊臣軍に抵抗した忍の浮城

忍城《おしじょう》

江戸時代の建物を復興した御三階櫓。内部は展示室となっており、忍の歴史を学ぶことができる

所在地 埼玉県行田市本丸
築城年 15世紀頃
主な城主 成田宗時・氏長

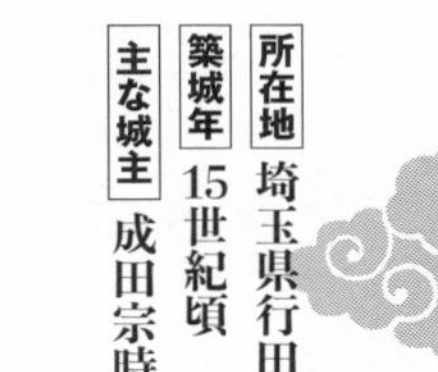

沼沢地に点在する島を結んで縄張りとした忍城は、文明《ぶんめい》11年（1479）以前に成田氏が築城したと伝わる。戦国時代の成田氏は北条氏に従っていたため、豊臣秀吉の小田原攻めの際に包囲されることとなった。

忍城攻めの指揮官を任じられた秀吉側近・石田三成は、堤防・石田堤を築いて忍城に水攻めを仕掛ける。ところが城は沈まず、逆に豪雨で堤防が決壊して三成側が被災した。これは忍城の位置が周囲より高かったためといわれる。この後も忍城は小田原城開城まで籠城戦を耐え抜いた。なお、この一戦で三成は戦下手とされてきたが、近年では秀吉の強い命令に逆らえなかったことがわかってきている。

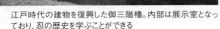

九戸城の戦いで津軽軍など東北勢が布陣した馬淵川。城方面（左側）には断崖絶壁がそそり立っており、攻略は困難だ

九《くの》戸《へ》城《じょう》

女子どもまで惨殺された戦国最後の反乱

所在地 岩手県二戸市福岡城ノ内
築城年 明応年間（1492～1501）？
主な城主 九戸光政・政実など

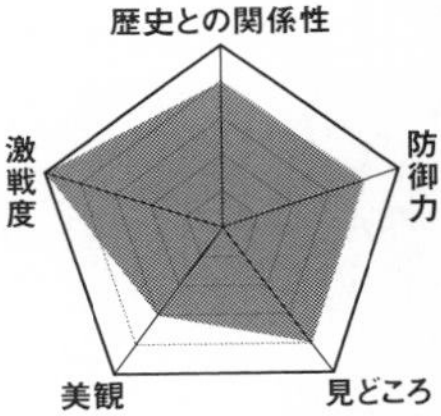

九戸城は陸奥を本拠地とする南部氏の分家筋・九戸氏の居城で、北と東西を川に守られ、石垣も持つ東北随一の堅城である。九戸氏十一代当主・政実《まさざね》は、南部氏の家督相続争いの結果、不仲だった南《なん》部《ぶ》信直《のぶなお》が当主となったことに不満を持ち、この城で合戦に臨んだ。

信直は武勇に優れた政実を相手に苦戦し、小田原攻めで誼《よしみ》を通じた豊臣秀吉に援軍を求めたため、この九戸政実の乱は大規模な戦闘に発展。しかし、堅牢な九戸城は陥落しない。そこで秀吉軍の浅野《あさの》長政《ながまさ》は「開城すれば助命する」と説得した。政実はこれを信じて降伏開城したが、すべて嘘だった。城内の人々は女性や子どもも惨殺され、政実は処刑。現在も発掘調査で首のない人骨が出土している。

「城を枕に討死」はウソだった!?

「城を枕に討死」という言葉があるが、実際に戦国時代の籠城戦で城と運命を共にした例は少ない。籠城戦は味方（主君）の援軍（後詰め軍）が来ることを前提とした戦術であり、後詰めが成功すれば敵を挟撃し戦況を有利に運ぶことができた。主君は後詰めを出して籠城軍を救援する責任があり、逆に後詰めを出さなかった場合、城が降伏しても文句は言えなかったのである。

後詰めを出せなかった主君の末路がよくわかるのが、高天神城の戦いだ。天正2年（1574)、武田勝頼が徳川方の高天神城（静岡県）を2万5000の大軍で包囲した際、徳川家康は後詰めを出すことができず、城は武田方のものとなる。しかしその6年後、今度は家康が高天神城を包囲。この時は逆に勝頼が後詰めを出すことができなかった。信長は家康に「降伏を認めるな」と指示。これは「勝頼が高天神城を見殺しにした」という事実をつくるためだった。結果、城兵は城から打って出て全滅。その後、武田方の多くの武将が勝頼から離反し、武田氏は滅亡へと至った。

後詰め軍が望めない場合、城主や城兵が城を捨てて逃亡することもあった。上杉謙信に10回も攻められた唐沢山城（→P114）では、城主・佐野昌綱《さのまさつな》は戦況が不利になると降伏や逃亡を行い、上杉軍が去った後に城に戻るという策を繰り返し、落城することがなかった。「城を枕に討死」とは、後世においてつくられた美学のようなもの。戦国の世では一般的ではなかったのである。

高天神城遠景。比高は100m程度の小規模な山城だが、ふたつの峰に曲輪を巧みに配置した堅固な城だった

7章
圧倒的な迫力！巨大石垣がそびえる城 10選

全国3位の高さを誇るまっすぐな高石垣

伊《い》賀《が》上《うえ》野《の》城《じょう》

所在地 三重県伊賀市上野丸之内
築城年 天正13年（1585）
主な城主 滝川雄利・藤堂高虎など

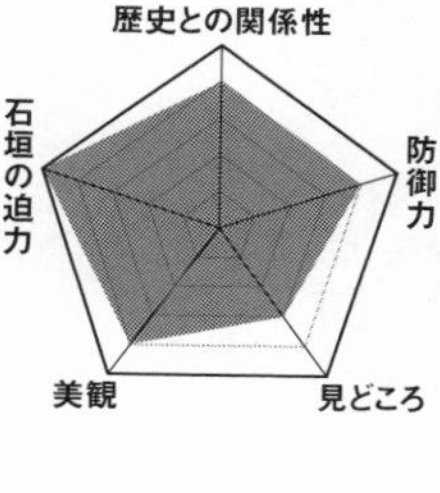

伊賀上野城は、伊賀盆地の中央部にある標高約180mの台地上に位置する。本丸の周囲に内堀をめぐらせ、山麓に構えた四角い二の丸の東と西に大手門を置き、その周囲も水堀で囲んでいた。前身は織田信長の子・織田信雄の家臣だった滝川雄利《たきがわかつとし》が築いた砦である。天正《てんしょう》13年（1585）、大和郡山から伊賀に国替えとなった筒井《つつい》定次《さだつぐ》が、この地に近世城郭を築いた。関ヶ原の戦いを経て徳川対豊臣の決戦気運が高まるなか、徳川家康の命で伊予今治城（→P58）から藤堂高虎《とうどうたかとら》が移り、本丸拡張や高石垣の築造といった大改修を行った。この時五重天守も建てられていたが、完成間近に暴風で倒壊してしまった。その後豊臣氏が滅亡し、天守は不要となったため再建されなかった。現在の天守は1935年築造の模擬天守で、内部には藤堂氏ゆかりの品々が展示されている。後に高虎は津城（三重県）に移るが、津藩の支城として城代が置かれ、明治維新まで存続した。

本丸西面石垣の高さ約30mは、大阪城本丸東面と南外堀に次ぐ全国3位の規模を誇る

伊賀上野城の見どころは、本丸の北・西・南の三面を守る、総延長368ｍの高石垣である。なかでも必見なのは西面の石垣。堀底から約30ｍ、水面からでも25ｍもの高さがあり、大阪城（→Ｐ12）に次ぐ規模を誇る。高虎の城の特徴である反りのない直線的な石垣が屹立する様は圧巻である。

また、横矢が掛かるようにカクカクと折り曲げられた石垣の張り出し部分や、石垣全体の強度を上げている隅部の算木積《さんぎづ》みにも注目したい。長短交互の面が整然と積まれており、築城技術が最高潮だった頃の城の姿を今に伝えている。このほか、城跡の上野公園内には、伊賀出身である松尾芭蕉の等身大坐像が安置された俳聖殿もある。

丸《まる》亀《がめ》城《じょう》

亀山を幾重にも取り巻く一二三段の石垣

所在地 香川県丸亀市一番丁
築城年 慶長2年（1597）
主な城主 生駒親正・京極高和など

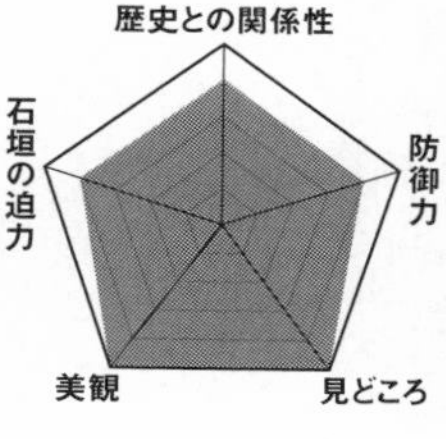

現存天守と高石垣で有名な丸亀城は、瀬戸内海側の眺望が特に素晴らしく、晴れた日には瀬戸大橋を望むことができる。高松城（香川県）城主の生駒親正《いこまちかまさ》が隠居城として築城したが、本拠地ではなかったため、一国一城令で廃城となる。その後山崎家治《やまざきいえはる》に西讃岐が与えられると、幕府の許可を得て再建工事が行われ、山崎氏の後の京極高和《きょうごくたかかず》の時に普請が完了。生駒氏時代は南側が大手だったが、再建時に瀬戸内海に面した北側に変更された。

京極氏時代に築かれた三重三階の天守は、小規模であるが、大手側からの見栄えを良くする工夫がなされている。東西に細長く設計して本丸北縁に据え、さらに破風の向きや組み合わせも配慮されているのだ。

城が建つ亀山は、讃岐平野に位置する標高約66mの独立丘陵である。丘陵全体を城域とし、山頂から本丸・二の丸・三の丸を雛壇状に配している。この曲輪群を囲む一二三《ひふみ》段の

大手門から見上げた天守。幾重にも連なる石垣の上にそびえる天守は、実際の大きさ以上の威厳を放っている

高石垣は圧巻である。麓から山頂までの石垣の高さを合わせると約60mもあり、総高としては日本一高い石垣である。城内一高いのは、約22mの三の丸北面の石垣だ。丸亀城の石垣は、上に行くほど傾斜角度が急になり、美しい曲線を描く「扇《おうぎ》の勾配《こうばい》」となっている。丁寧に布積みされた打込《うちこみ》接《は》ぎと、隅部の完成された算《さん》木《ぎ》積《づ》みの美しさもじっくりと鑑賞したい。南東面には自然石を用いた野《の》面《づら》積《づ》みも見られる。また本丸西面に残る、膨らんだ石垣を補強するための「ハバキ石垣」もぜひ見ておきたい。

　ほかに、ふたつの門で形成された大手の枡形《ますがた》虎口《こぐち》や、大手西側に現存する御殿表門、それに付随する番所長屋も必見である。

岡《おか》城《じょう》

標高約325mの山上に築かれた石垣の要塞

所在地 大分県竹田市大字竹田
築城年 文治元年（1185）？
主な城主 志賀貞朝・中川秀成など

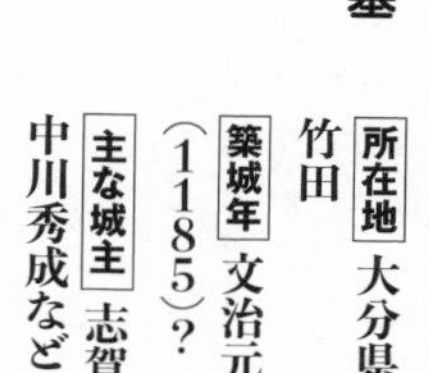

滝廉太郎作曲『荒城の月』のモデルとされる岡城。阿蘇山の火砕流が固まり岩山となった標高325mの天神山に位置し、この天然の要害をさらに総石垣で固めた堅城だ。

戦国時代は大友氏の家臣・志賀氏の居城だった。最強と謳われた島津軍も落とせなかった難攻不落の城だったが、文禄《ぶんろく》3年（1594）に入城した中川秀成《なかがわひでなり》により総石垣の山城に大改修された。石垣の構築でより堅固になることに加え、曲輪の面積を増やすことも可能になる。さらに西側を拡張したため、山上に東京ドーム22個分に相当するほどの壮大な近世城郭が築き上げられた。大名の生活・政務の場である御殿をはじめ、家臣団の屋敷群も城内に設けられ、明治維新までの約270年もの間、藩主・中川氏の居城だった。大名が山麓や平地で生活することがスタンダードとなっていたなか、希少な例である。

城内では、野面積《のづらづ》み、切込接《きりこみは》ぎなど新旧の石垣が見られる。新式である切込接ぎの石垣

城内最大の見どころである三の丸の石垣。屈曲しながら石垣が奥へと続いていく様は、圧巻の迫力だ

が多いことは、この城が長年使用され、幾度も修理が重ねられたことを物語る。最大の見どころは、三の丸北側の高石垣だ。断崖から高石垣がそそり立っており、思わず足がすくむほどの迫力である。このほか、後年政務の中心となった西の丸御殿の入口にある巨大な石段も、大名の権威を象徴する遺構といえる。また、登城道の崖側に続く低い石塀と、その上部に置かれた扇型の「かまぼこ石」など、岡城では独自のデザインや工夫が随所に見られる。

竹田市歴史文化館や歴代藩主の墓所のほか、岩盤を削った「キリシタン洞窟礼拝堂」が残る城下町も、この地の奥深い歴史を物語っている。

苗木城《なえぎじょう》

岩盤を利用した荒々しい石垣がそびえる

所在地 岐阜県中津川市苗木
築城年 大永6年（1526）？天文年間（1532〜55）？
主な城主 遠山直廉・友政など

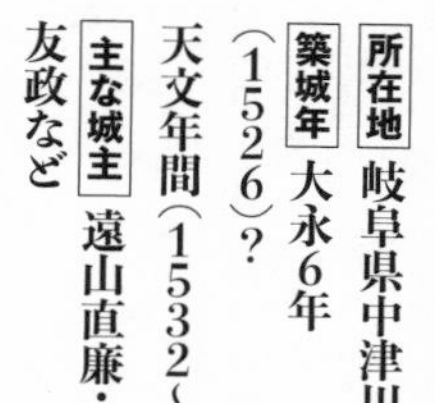

近年メディアで紹介されることが増え、多くの人が訪れている苗木城。中津川市を東西に流れる木曽川を天然の堀とし、標高432mの急峻な岩山である高森山の全域を利用している。築城時期は、大永《だいえい》6年（1526）とも天文《てんぶん》年間（1532〜55）ともいわれるが、源頼朝の重臣・加藤景廉《かとうかげかど》が頼朝から美濃遠山を与えられて以来、この地を治めた遠山氏の居城だった。隣の恵那市にある岩村城（↓P160）の遠山氏が本家にあたるが、岩村城が武田氏に攻略された時は、苗木城が織田方の最前線となっていた。本能寺の変後は信濃・美濃周辺の国衆が独自の勢力を取り戻しつつあったが、それに対抗した織田旧臣の猛将・森長可《もりながよし》によって、苗木城は2度にわたって攻められ落城した。豊臣秀吉没後は河尻氏が城主となるが、関ヶ原の戦い本戦の直前、徳川家康の命により遠山氏が城を攻め、父祖伝来の地を奪還した。以降、明治維新まで遠山氏十二代の居城となる。

山上に露出する岩盤を利用した天守台。石垣上に設けられた展望台からは、木曽川や恵那山などが一望できる

苗木城の魅力は、天守台からの眺望に加え、露頭した岩盤や巨石をそのまま石垣とした特異な姿そのものが、絶景の一部となっていることだろう。曲輪面積確保のための工夫であるが、岩盤や石が非常に大きく、古代の祭祀遺跡のようである。

三の丸には城内最大の建物だった大矢倉の石垣が残る。17世紀半ばに新造されたため、巨石と組み合わせた石垣は新式の技術である切込《きりこみ》接《は》ぎとなっている。一番の見どころである本丸の天守台は、巨大な岩盤そのものが土台になっている。現在、岩肌に残る柱穴を利用して展望台を設けているが、天守をはじめ城内の建物は、こうした懸造《かけづくり》で建てられていた。

雲海に浮かぶ全国最小の現存天守

備《びっ》中《ちゅう》松《まつ》山《やま》城《じょう》

所在地 岡山県高梁市内山下
築城年 仁治元年（1240）
主な城主 小堀政一・水谷勝隆など

全国で唯一、山城に現存天守が残る備中松山城。二重二階で最も背が低いが、最も高い場所にある現存天守なのである。城が建つのは、標高４８０ｍの臥牛山。北から大松山、天神の丸、小松山、前山と四つの峰が連なる。東西南北を結ぶ中国地方の要衝で、戦国時代には争奪戦が繰り広げられた。13世紀中頃に秋庭氏が築いた山城を起源とし、戦国時代には大松山に三村氏や毛利氏が築城。関ヶ原の戦い後、西国目付の代官として赴任した小堀《こぼり》正次《まさつぐ》・政一《まさかず》（遠州）父子が標高４３０ｍの小松山を中心とする近世城郭に改修した。現在の姿になったのは、17世紀後半の水谷勝宗《みずのやかつむね》の時代である。

一般に備中松山城として知られているのは、小松山の近世城郭部分だが、土造りの中世城郭を含めると城跡は臥牛山全域に及ぶ。中世と近世の城跡が一度に見学できるので、時間に余裕を持って山城登城の装備をし、ぜひ大松山まで足を運ぼう。

大手門の先にある三の丸の石垣。露岩と一体となった石垣が折り重なる様に圧倒される

備中松山城は、荒々しい自然の岩盤と融合した石垣群が魅力。大手門周辺の高石垣群は圧巻なので、天守に急がずじっくり鑑賞しよう。その先の白い土塀も国重文の希少な現存遺構だ。三の丸では、御膳棚を過ぎてから左に見える、巨大な自然石の野面《のづら》積《づ》みにも注目。これは城内最古の石垣で、唯一の毛利氏の遺構と考えられている。パノラマビューの二の丸と天守を楽しんだら、忘れずに現存の二重櫓と、それを支える岩盤と石垣のコラボを堪能したい。

大松山や天神の丸などの中世城郭は、堀切や曲輪、石積みの大池などがよく残る。秋から春の天気の良い早朝は、雲海に浮かぶ天守を見られる展望台が人気だ。

太《おお》田《た》金《かな》山《やま》城《じょう》

復元整備で明らかになった石垣の山城の全貌

所在地 群馬県太田市金山町
築城年 文明元年（1469）
主な城主 岩松家純・由良国繁など

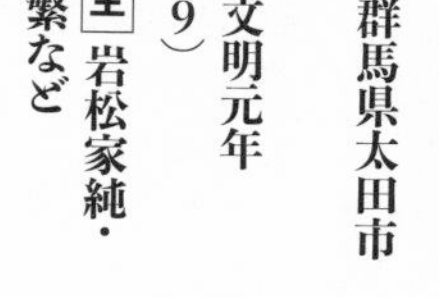

関東では非常に希少な石造りの巨大山城で、関東平野北部の太田市中心部、標高239mの金山に位置する。築城は文明《ぶんめい》元年（1469）、新田一族の岩松家純《いわまついえずみ》による。戦国時代に家臣の横瀬氏が下剋上によって城主となった。この横瀬氏が改姓した由良氏の時代が全盛期で、上杉・武田など周囲の有力大名に十数回も攻められたが、一度も落城していない。後の九代・国繁《くにしげ》の時、北条氏の謀略に屈して太田金山城（以下、金山城）を明け渡し、豊臣秀吉の小田原攻めで北条氏が滅亡すると、金山城は廃城となった。

破城によって土砂が堆積し木々が生い茂った金山は、江戸時代には将軍家に松茸を献上する「献上松茸」の山として厳しい管理下に置かれた。城の威容はすっかり衰えていたが、これによって遺構が現代まで保たれたともいえるだろう。

1995年からはじまった城跡の環境整備事業により、調査結果に基づいた復元整備が

実城では石で舗装された通路や石垣で区画された曲輪など、関東では珍しい石垣の城を堪能できる

積極的に行われ、中枢部は威容を取り戻している。ぬるぬるとすべる関東ロームの赤土が城に適していたため、関東の城はほとんどが土の城だった。しかし金山城では、少なくとも本丸にあたる実城《みじょう》は全域に石垣（土塁石垣とも）が使われていた。物見台からの関東平野の絶景も見事だが、城内ではまず石垣に圧倒される。岩山で石材が豊富だったとはいえ、通路の地面までが石敷きなのである。正面・左右に石垣が累々と続く大手虎口（復元）と三ノ丸は圧巻で、排水路や石垣下部の「アゴ止め石」といった工夫にも注目だ。

このほか、築城前から祭祀の場だった池や土橋にまで石材が使われている。

中世山城を改修した石垣の城

津和野城《つわのじょう》

所在地 島根県鹿足郡津和野町後田
築城年 永仁３年（１２９５）
主な城主 吉見頼行・坂崎直盛など

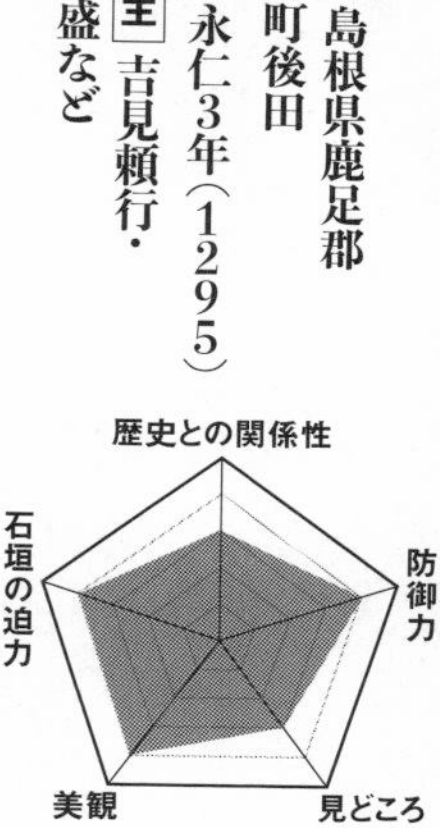

山陰の小京都として人気の観光地である津和野は、標高３６７ｍの霊亀山の山上に築かれた津和野城の城下町である。城の周囲を流れる津和野川を天然の堀とした津和野城は、山上の石垣がほぼ完存する雄大な山城だ。

築城は鎌倉時代、元寇に備えて派遣された吉見頼行《よしみよりゆき》による。吉見氏十四代で城は拡張され、最大で南北２㎞に及んだという。関ヶ原の戦い後、吉見氏は毛利氏に従い萩へ移ったため坂崎直盛《さかざきなおもり》が入城し、総石垣造りの近世城郭に大改修された。現存する遺構は、ほとんどがこの時のものである。その後、坂崎氏改易後に入った亀井氏が幕末まで存続した。本丸一段下の天守台には三重の天守がそびえていたが、貞享《じょうきょう》３年（１６８６）に落雷で焼失している。

城跡からは城下町や青野山が望める。現在はキャンプなどでにぎわう青野山中腹は、亀

城内最大の石垣を持つ人質曲輪からの光景。直下の三の丸越しに、城下町を一望できる

井氏時代は練兵場として使用されたという。

城下町から山頂までの比高は200mだが、観光リフトも動いているのでぜひ登城したい。リフト駅の近くに出丸があり、その石垣と眺望だけでも見応えがある。しかしなんといっても必見なのは、本丸（三十間台）・二の丸・三の丸・太鼓丸・腰曲輪といった主郭部の石垣だ。三の丸から見上げる人質曲輪の石垣は、城内最高の10mで、算《さん》木《ぎ》積《づ》みの曲線が美しい。人質曲輪の上に登ってみると、細い尾根上に曲輪を展開していることがよくわかる。

山麓には、御殿の隅櫓だった馬場先櫓と、外観一重・内部二階の壮大な物見櫓が残されている。見逃さないようにしよう。

赤《あか》木《ぎ》城《じょう》

築城名人が築いた初期織豊時代の石垣

所在地 三重県熊野市紀和町赤木
築城年 天正17年（1589）
主な城主 藤堂高虎

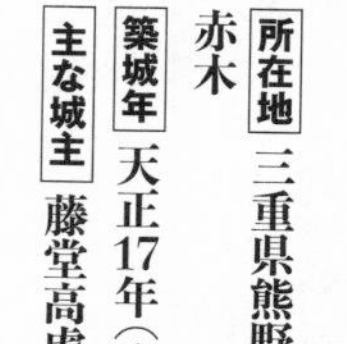

徳川家康に重用された築城名人・藤堂高虎《とうどうたかとら》が、豊臣政権当時の主君だった豊臣秀長《とよとみひでなが》の命で、自ら縄張りして築いた平山城である。このあたりは「奥熊野」や「北山」（熊野の北方の山地）と呼ばれ、赤木城がある紀和町周辺は古くから鉱山資源に恵まれ、奈良時代から採掘されていた。また当地の木材は高級材として戦国時代以降たびたび伐り出されたといい、往時は北山川の瀞峡で頻繁に筏流しが行われたことだろう。

古代は熊野三山に属し、中世には入鹿氏などの武士が台頭したが、天正《てんしょう》13年（1585）の豊臣秀吉の紀州侵攻でその支配下となった。それまで公的な権力が及ばなかった奥熊野では、以降たびたび大規模な一揆が起こっている。秀長の国主時代に起こった天正の北山一揆は、太閤検地などの厳しい支配体制への不満が原因だといわれる。この一揆鎮圧のための拠点として北山代官だった高虎が築いたのが、赤木城なのである。

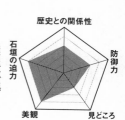

主郭へとつながる虎口は、通路を2度屈曲させた連続枡形虎口となっている

比高30ｍの丘に位置し、頂上を主郭として三方の尾根と山裾に曲輪を配置している。中世の山城的な曲輪配置と、高石垣や枡形虎口といった近世城郭の要素が融合しており、築城技術の発達段階が見られる。石垣は横長の自然石に間詰石を詰めた野面《のづら》積みで、隅部は未発達な算木《さんぎ》積みである。一揆鎮圧後廃城になった短命な城だが、最新技術である石垣で権力を見せつけたのだ。

秋から冬の早朝には雲海が発生し、幻想的な風景が広がる。周辺には、一揆参加者の処刑場だった田平子峠刑場跡、鉱山従事者の兼業で維持された丸山千枚田、赤木城の出土品がある紀和鉱山資料館などがあり、あわせて訪ねたい。

本丸へ続く登城道に建つ出櫓跡の石垣。登城道を進む敵を側面から攻撃する役割があった

近世の石垣と中世の土の遺構を楽しむ

村《むら》上《かみ》城《じょう》

所在地 新潟県村上市二之町
築城年 16世紀初頭
主な城主 本庄繁長・堀直寄など

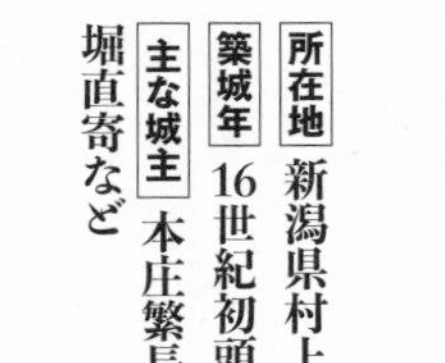

標高135mの臥牛山の山上に山城、山麓に居館を構えた二元構造の城。北越後に勢力を張っていた本庄氏が築城し、豊臣政権下では一時上杉氏の支城となった。その後村上氏、堀氏、松平氏が近世城郭に改修、惣構えの城下町も整備され北越後の中心となった。

城主が居住し政務を執っていた居館部には三重の水堀がめぐっていたが、遺構はほとんど残っていない。本丸、二の丸、三の丸が構えられた山城部は非常に狭いが、山上に累々と残る石垣は壮大である。なかでも二の丸と三の丸を仕切る四ッ御門は、ふたつの登城道とも合流し、4方向に扉のある特異な櫓門だった。ほかに、山麓と山上をつなぐ竪堀なども残っている。希少な中世の遺構で必見だ。

一の郭の城壁。アーチ門を中心に石垣が屈曲しているのは、石垣上からの死角を減らすためと考えられる

中《なか》城《ぐすく》城《じょう》

高度な技術で積まれた琉球石灰岩の石垣

所在地 沖縄県中頭郡中城村泊
築城年 14世紀後半頃
主な城主 護佐丸など

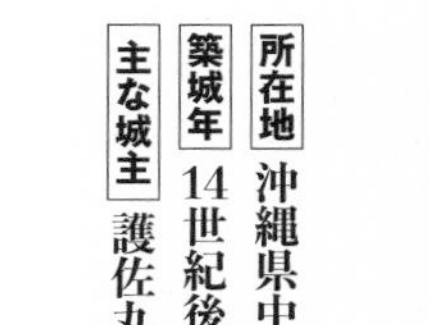

沖縄本島中部、中城湾を望む標高150mの丘陵上に六つの曲輪が並べられている。14世紀後半頃に先中城《さちなかぐすく》按司《あじ》が南・西の郭、一の郭、二の郭を築いた。その後、勝連城（沖縄県）の阿麻和利《あまわり》への備えとして琉球の築城名人・護佐丸《ごさまる》が三の郭と北の郭を増築する。

琉球石灰岩が見事に積まれた建築美は、幕末に来航したペリーも称賛した。野面《のづら》積《づ》み、切石積みの布積み、亀甲《きっこう》乱《らん》積《づ》み（相方《あいかた》積《づ》み）といった多様な技法が鑑賞できる。グスクの特徴のひとつ、美しいアーチ門の石垣は、左右が内側にカーブして合横矢が掛かる。大手の通路に向いた鉄砲狭間、北の郭の物見台、一の郭の正殿跡など見どころが多い。また城内8か所に御嶽《うたき》が設けられている。

石積みの名人・加藤清正と藤堂高虎

戦国時代には「築城名人」と呼ばれる、優れた縄張りを造り出す武将たちが多く存在した。特に有名なのは加藤清正《かとうきよまさ》と藤堂高虎《とうどうたかとら》。いずれも多くの築城に関わっている。

清正の築城として有名なのは熊本城（→P26）だ。反りのある高石垣を厳重にめぐらせてあるのが特徴で、下部から上部にいくにつれ急勾配となる「扇《おうぎ》の勾配《こうばい》」が多く見られる。これは敵の侵入を防ぐ武者返しの機能も持つ。実戦経験が豊富な清正ならではの技術だ。曲輪内はジグザクに屈曲した迷路のような構造で、明治《めいじ》10年（1877）の西南戦争では西郷軍をまったく寄せ付けなかったのはよく知られている。このほか、名古屋城（→P36）などの石垣普請も担当しており、石垣造りの名人といえる。

高虎は20城ほどの築城や改修に関わっている。宇和島城（→P49）や今治城（→P58）など自らの居城のほか、天下普請《てんかぶしん》では和歌山城（→P44）などにも携わった。清正の曲線的な石垣とは異なり、反りのない直線的な高石垣が特徴だ。基底部には犬走りを設けており、高さは30m前後ほどもある。その周りに広い水堀をめぐらせており、攻め手は石垣に到達することすら困難な造りだ。縄張りはシンプルな四角い構造が多く、清正の城に見られるような複雑な構造はほとんど存在しない。

清正も高虎も、豊臣秀吉や徳川家康の近くで実戦や築城を経験した武将。こうした経験があったからこそ、彼らは独自の築城術を造り上げられたのだ。

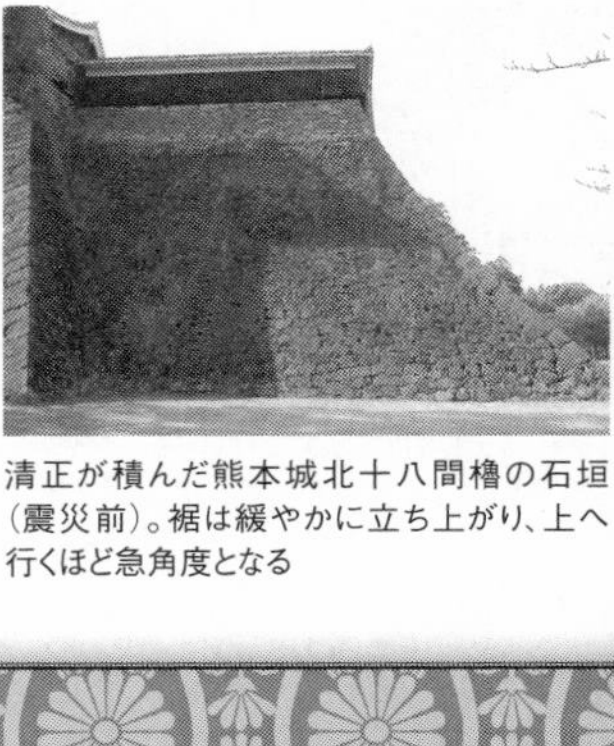

清正が積んだ熊本城北十八間櫓の石垣（震災前）。裾は緩やかに立ち上がり、上へ行くほど急角度となる

8章

げに恐ろしき
怪談・伝説が残る城 10選

猪《い》苗《なわ》代《しろ》城《じょう》

己を敬わぬ城主をとり殺す化け物

所在地 福島県耶麻郡猪苗代町字古城跡
築城年 建久2年（1191）？
主な城主 猪苗代盛国など

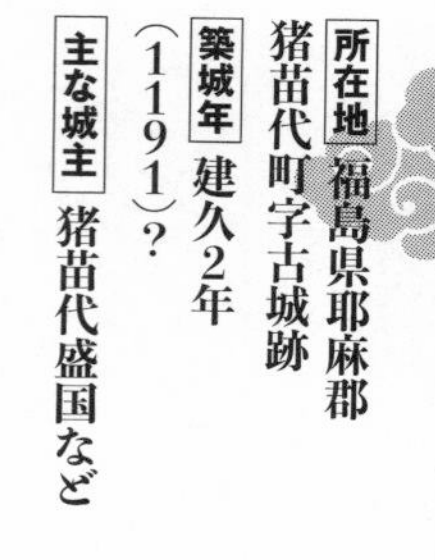

磐梯山の東南、猪苗代湖の北に位置する猪苗代城。かつては猪苗代氏の居城であったが、江戸時代以降は会津若松城（→P22）の支城となり、会津若松城の別称である鶴ヶ城に対して亀ヶ城と呼ばれた。この猪苗代城には亀姫という妖怪が棲んでいたという。

寛永《かんえい》17年（1640）、会津藩主・加藤明成《かとうあきなり》は城代として堀部主膳《ほりべしゅぜん》を派遣。ある夜、主膳の前におかっぱ頭で派手な衣装の童子が現われ、主膳にいった。「汝はまだご城主様にお目見えしておらぬ。案内するゆえ、急ぎ身を清め、裃《かみしも》を着て参れ」。主膳は怒り「何を申す、この城の主は加藤明成様。わしが城代じゃ」と言い放つ。すると童子は「猪苗代城の亀姫様と姫路城（→P32）の刑部姫《おさかべひめ》様を知らぬのか。汝の命はすぐに尽きるであろう」といって消えたという。主膳が家臣の柴崎又左衛門《しばさきまたざえもん》にこの話をすると、又左衛門は「領民によると、この城には妖怪が棲み付いているそうです。東は猪苗代城の亀姫、西は姫路城の刑部

猪苗代城は幕末の動乱で城の建物がすべて失われ、現在は石垣などが残るのみである

姫が日本の妖怪を束ねているとのこと、お気をつけください」とさりげなく忠告したが主膳は一笑に付す。しかしこれ以降、城内では読経の声や大勢で餅をつくような音が聞こえるなど、怪異な現象が毎夜起こるようになった。さすがに主膳も錯乱気味となり、ついには恐怖にひきつった表情のまま息絶える。又左衛門は主君の仇を討つべく、妖怪の探索を開始。ある夜、城内の泉で水汲みをする背丈が7尺（約2・1m）の大入道を発見。「ご城代を殺した妖怪に違いない」と、又左衛門は背後から一刀のもとに斬り捨てた。するとそれは大きなムジナであった。これ以降、城内での怪異な現象はぴたりとやんだという。

城を崩壊させた美しき侍女の怨念

前《まえ》橋《ばし》城《じょう》

所在地 群馬県前橋市大手町
築城年 15世紀末？
主な城主 長野方業・酒井忠清など

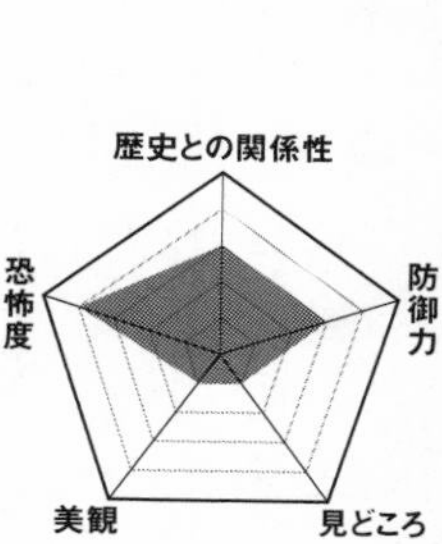

関東七名城のひとつ、前橋城。利根川に面した平城であったが、川の浸食により城が倒壊の危機に陥り、廃城となった。しかしそれがある侍女の怨念によるものといったらどうだろう。前橋城の築城は15世紀末頃、長野方業《ながのまさなり》によるものとされる。江戸時代には幕府の要職を務める酒井氏や親藩・松平氏の居城となる。度重なる利根川の氾濫により城郭が浸食され続け、明和《めいわ》4年（1767）には本丸が倒壊の危機にさらされたため、松平氏は居城を川越城に移すことになり、慶応《けいおう》3年（1867）に再建されるまで廃城とされた。

では冒頭の侍女の怨念とは何であろうか。江戸時代中期、前橋城主・酒井忠清《さかいただきよ》は鷹狩りの最中にお虎という美しい娘と出会い、ひと目で気に入ってしまう。忠清から侍女として城に入るよう求められたお虎は、城で忠清の身の回りの世話をすることになった。ところがある時、忠清の食事に縫い針が混入する事件が起こり、おひつを運んだお虎が疑われた。

現在、前橋城跡には県庁舎や市役所が建っており、城の面影はほとんど残っていない。写真は本丸跡に建つ群馬県庁

これは忠清の寵愛を一身に受けていたお虎に嫉妬したほかの侍女たちが仕組んだものだった。しかし侍女たちが口裏を合わせたため、忠清もそれを信じ込み、お虎をムカデやヒルの入った水がめに生きたまま押し込み、利根川に流してしまった。その数日後、突如利根川が氾濫し、本丸の一部が崩壊。これをお虎の呪いだと恐れた忠清は本丸を利根川から離れた位置に移転させたという。しかしこれ以降、毎年のように利根川が氾濫。本丸崩壊の危機に瀕し、ついに廃城に至ったのだ。

現在、利根川のほとりの前橋城本丸跡には虎姫観音堂がある。お虎を供養するために前橋市の有志が建立したものだ。

笠《かさ》間《ま》城《じょう》

殺された僧兵の霊がさまよう最恐の城

所在地 茨城県笠間市笠間
築城年 嘉禎元年（1235）
主な城主 笠間時朝・蒲生郷成など

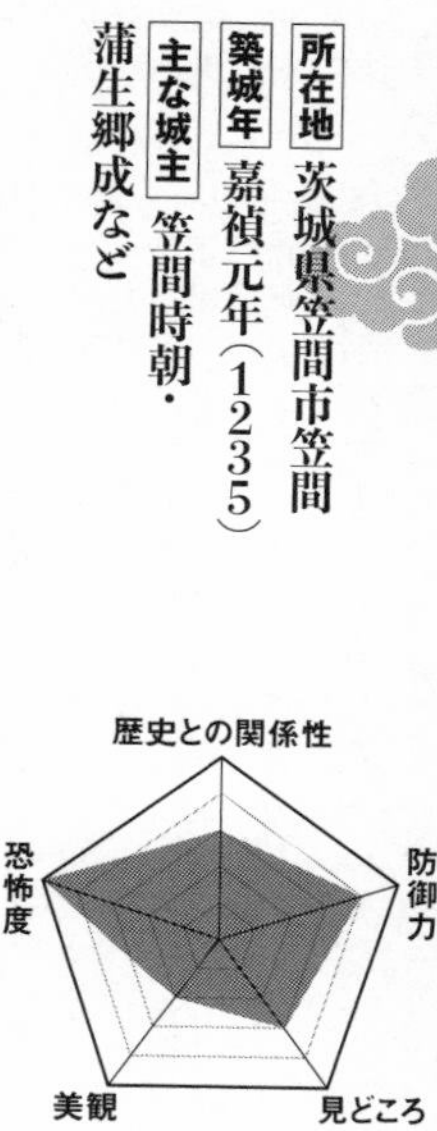

標高182mの佐白山に築かれた笠間城。中世の縄張りを残したまま石垣造りの近世城郭に変貌した城で、関東では珍しい例といわれている。その笠間城が現在では心霊スポットとして有名なのはご存じだろうか。城址内では僧兵の霊が徘徊していて、それは築城前のある出来事が関係しているといわれている。

笠間城は承久《じょうきゅう》元年（1219）、宇都宮時朝《うつのみやときとも》が築城をはじめた。その後時朝は笠間氏を名乗り、代々の居城とした。慶長《けいちょう》3年（1598）に入城した蒲生氏によって石垣造りの城郭となる。延享《えんきょう》4年（1747）以降は牧野氏が城主となり、明治維新を迎えた。

築城が開始された当時、佐白山の正福寺が同じ真言宗の徳蔵寺と抗争を繰り広げていた。いずれも多くの僧兵を擁し、激しい武力衝突も起きていた。この時、正福寺は、下野と常陸で大きな勢力を誇った宇都宮頼綱《よりつな》に助けを求める。頼綱は甥の時朝を大将とした軍勢を

城へ続く道にある笠間トンネル。ここでクラクションを鳴らすと落ち武者の霊が現れるという

送り、徳蔵寺のみならず正福寺までをも制圧。そして時朝は佐白山の山頂にあった寺院を取り壊し、そこに笠間城を築いたのだ。

この時殺された僧兵たちの怨念だろうか、城内ではその後、僧兵の霊がたびたび目撃されるようになり、城主や家臣たちを悩ませたという。その後、笠間城は宇都宮氏に攻められ落城。笠間氏は滅亡する。

笠間城は現在でも心霊スポットとしてマニアの間では有名で、城址内には僧兵や武者の霊がさまよっているという。また戦に敗れた際に武士たちが身を投げたとされる古井戸が数か所残されており、それらすべてをのぞくと呪われて死ぬ、あるいは神隠しにあうという言い伝えもある。

戦の犠牲となった女性たちの悲劇

八《はち》王《おう》子《じ》城《じょう》

所在地 東京都八王子市元八王子町
築城年 天正12～15年（１５８４～87）頃
主な城主 北条氏照

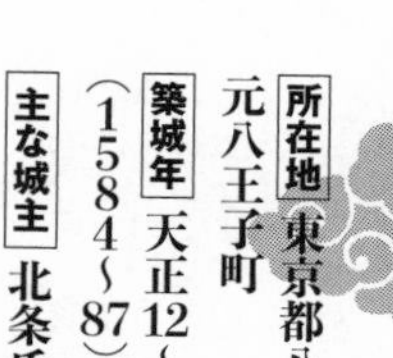

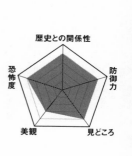

国の史跡にも指定されている八王子城。凄惨な落城を経験した城であり、幽霊が出ると噂される心霊スポットでもある。特に城のそばを流れる山城川と御主殿曲輪《ごしゅでんくるわ》にある御主殿の滝には、悲しくも不思議な言い伝えがある。一体どんな悲劇があったのか。

八王子城は天正《てんしょう》12～15年（１５８４～87）頃、北条氏の一族である北条氏照《ほうじょううじてる》が築いた山城。天正18年（１５９０）、秀吉の小田原攻めの際、前田利家《まえだとしいえ》・上杉景勝《うえすぎかげかつ》らの率いる１万５０００の兵が城を急襲。この時、氏照は小田原城（→P14）にいて留守であった。八王子城では一部の家臣と領内の農民や婦女子など戦に不慣れな者ばかり2～３０００人ほどが籠城することになる。この八王子城攻撃には頑強に籠城を続ける小田原城への圧力の意味もあったため、城側は降伏することすら許されず、わずか1日で落城。城内になだれ込んだ前田・上杉の軍は殲滅戦を展開、氏照の正室など女性たちは自刃し、そのほかの多くの者

女性たちが身を投げたとされる御主殿の滝。八王子城は、廃城後江戸幕府によって立入が制限されたため、当時の姿が残っているという

も御主殿の滝に身を投げた。これにより山城川と御主殿の滝は3日3晩、血で真っ赤に染まったという。数年後、山城川はもとの清流に戻ったが、付近の農民たちがこの川の水で米をといで炊くと血で染まった赤飯になった。また落城後から山城川にはヒルが大量発生するようになる。このヒルは付近の農民たちが川に入っても吸い付いてこない。しかし加賀や美濃、越後など秀吉軍の地元から来た者が足を入れると大量に吸い付いたという。今でも落城の日である6月23日には、本丸跡の古井戸から犠牲者たちのうめき声が聞こえてくるそうだ。八王子城には惨殺された者たちの強い怨念が今でも残っているのだろう。

岩《いわ》村《むら》城《じょう》

織田信長の逆鱗に触れた女城主の末路

所在地 岐阜県恵那市岩村町城山
築城年 文治元年（1185）？
主な城主 おつやの方・秋山虎繁など

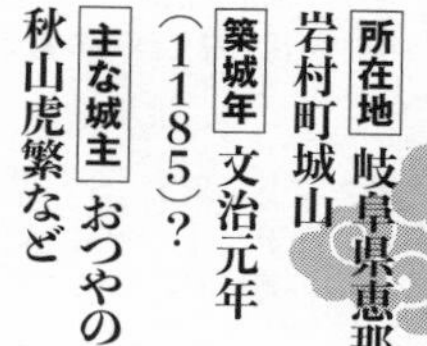

「日本三大山城」のひとつである岩村城は美濃東部、標高717mの日本最高峰に築かれた石垣造りの山城だ。文治《ぶんじ》元年（1185）、源頼朝の家臣・加藤景廉《かとうかげかど》による築城とされているがさだかではない。信濃、美濃、三河へ通じる主要街道が通る要衝でもあったため、戦国期は織田信長と武田信玄の間で激しい争奪戦が幾度も展開された激戦の地だ。この岩村城には「おつやの方」の悲劇が語り継がれている。

信玄の美濃侵攻に備え、信長は岩村城主・遠山景任《とおやまかげとう》を抱き込もうと、叔母のおつやの方を景任に嫁がせた。景任も、信玄の家臣・秋山虎繁《あきやまとらしげ》に対抗するため、信長と手を結ぶ必要があった。景任の病没後はおつやが事実上の城主となる。その後信玄が岩村城の奪取に乗り出し、虎繁の軍が城に猛攻撃を加えた。虎繁の執拗な攻撃に対し、おつやは城と家臣たちを守るため、ついに降伏する。岩村城に入った虎繁は、おつやの美しさに一目ぼれして

岩村城はおつやの死後に大改修を受け、彼女が城主だった頃の面影は失われているが、近世に築かれた石垣を楽しむことができる

しまい、妻にしたのだ。その結果、岩村城は武田方のものとなった。これに信長は激怒。長篠の戦いで武田軍を破ると岩村城を攻め、半年におよぶ籠城戦の末に落城させた。信長はこの時、虎繁だけでなくおつやまでも逆さ磔にしてしまうのだった。おつやは「おのれ信長、必ずや報いようぞ」と叫びながら死んでいったという。遠山氏の家臣たちも皆殺しにされ、信長の怒りが凄まじいものであったことがわかる。

城跡には近世に改修された石垣がほぼそのまま残っている。なかでも本丸北面に築かれた六段積みの石垣は圧巻。城内には、合戦の際に霧が出て敵を翻弄した、という伝説がある霧ヶ井という井戸跡も残る。

帰《かえり》雲《くも》城《じょう》

地震によって崩壊した幻の城に眠る埋没金

所在地 岐阜県大野郡白川村大字保木脇
築城年 寛正5年（1464）
主な城主 内ヶ島為氏・氏理など

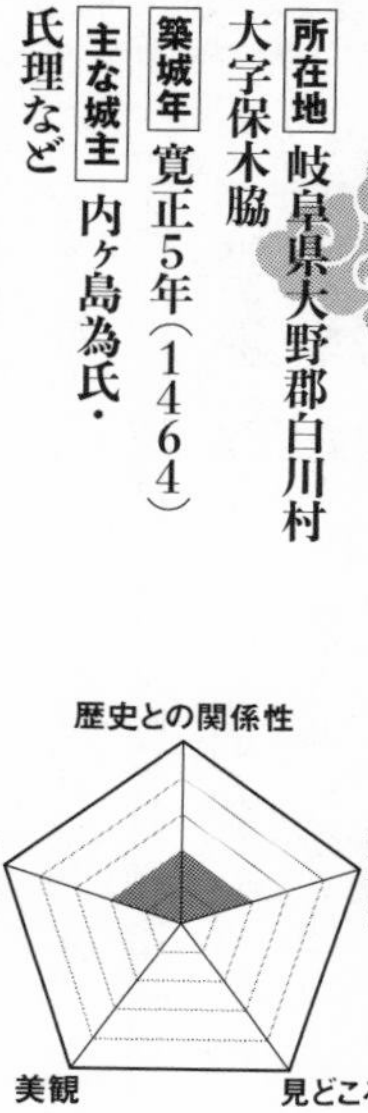

城が城下町とともに一夜にして跡形もなく消滅してしまう。そんなことがあるのだろうか。これはSF物語などではない。その城の名は帰雲城。合掌造りで知られる白川郷に近い標高1622mの帰雲山にあったとされる山城で、この地域を支配していた内ヶ島《うちがしま》氏の居城だ。寛正《かんしょう》5年（1464）、八代将軍・足利義政の命でここに移り住んだ内ヶ島為氏《ためうじ》が築城。堅牢な城で、武田信玄や上杉謙信をも撃退したといわれる。天正《てんしょう》13年（1585）、羽柴（豊臣）秀吉と越中の佐々成政《さっさなりまさ》が激突。秀吉の命で金森長近《かなもりながちか》が飛騨を平定した際、成政と同盟関係にあった為氏の孫・氏理《うじまさ》は秀吉の軍門に降り、所領の安堵を願い出る。願いは聞き入れられ、帰雲城に戻った氏理は所領安堵を祝う宴を計画した。その祝宴の前日の11月29日夜半、マグニチュード8以上と推定される大地震が起こった。世にいう天正大地震である。この地震で帰雲山が崩壊。城ごと土石流に飲み込まれ、一族郎党、城下の在家300

城が建っていたとされる帰雲山。現在も、天正大地震によって崩壊した山腹を確認することができる

余軒は跡形もなく埋没してしまう。この地震で美濃の大垣城（岐阜県）が全壊、近江の長浜城もほぼ全壊に近い状態になったとされ、その被害の大きさがうかがえる。

現在、城や城下町の遺構は発見されていない。城の正確な位置すらも特定できていない、まさに「幻の城」だ。城には莫大な金銀が隠されており、城の崩壊の際に一緒に埋没してしまったという埋没金伝説もある。これまで多くのトレジャーハンターが発掘を試みたが、今のところ発見されていない。現在の帰雲山には崩落の際にできたという山肌がむき出しの箇所が残る。付近には「帰雲城址」と書かれた石碑や犠牲者を供養する観音像などがある。

伏《ふし》見《み》城《じょう》

壮絶な最期を遂げた徳川家康の忠臣

所在地 京都府京都市伏見区桃山町大蔵
築城年 文禄3年（1594）
主な城主 豊臣秀吉・徳川家康など

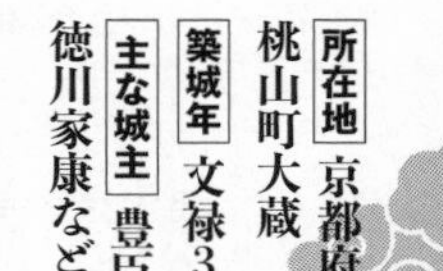

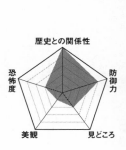

京都市の養源院、源光庵、宝泉院などの天井には血糊のついた板が使われている。ここで斬り合いでもあったのかと思ってしまうが、そうではない。これはもともと伏見城の床板だったもの。なぜ床板が天井に？　そして血糊は一体何なのか…？

豊臣秀吉によって築城された伏見城は関ヶ原の戦いの際、その前哨戦となった場でもある。慶長《けいちょう》5年（1600）、徳川家康が上杉景勝《うえすぎかげかつ》討伐のために会津へ向かった留守をついて、石田三成が挙兵した。三成は反家康派の大名を招集し、家康の背後をつく形で伏見城を包囲。その数は4万もの大軍であった。わずか1800人で迎え撃つのは鳥居元忠《とりいもとただ》。家康が今川家の人質であった頃からの忠臣である。元忠は奮戦するも、兵力差は歴然。ついには討死し、300名ほどの兵士も切腹して果てた。伏見城は落城するが、三成らを10日以上足止めし、その進軍を遅らせたことで、関ヶ原での家康の勝利に資する結果となった。

源光庵に移築された血天井。画面左側には、足の跡がはっきりと残されている

元忠が家康への最後の忠義心を見せたのだ。しかし彼らの亡骸は気の毒なことに関ヶ原の戦いが終わるまでそのまま放置されていたという。そのため、床板にはどす黒い血糊がこびりついてしまったのだ。

関ヶ原の戦い後、この惨状を見た家康は、元忠らの忠義に感激。彼らを供養するため、血糊の付いた床板を徳川ゆかりの寺院の天井に用いて保存することにした。天井板にしたのは、この板が決して踏まれることがないようにするため。この血の天井板には、切腹した兵士たちが絶命する寸前まで這いずり回ったあとや、手形などが今でも残っている。彼らの断末魔の苦しみと忠義心がそこに表れているようでもある。

佐賀城《さがじょう》

猫に託されたお家乗っ取りの恨み

所在地 佐賀県佐賀市城内
築城年 慶長16年（1611）
主な城主 鍋島直茂・勝茂など

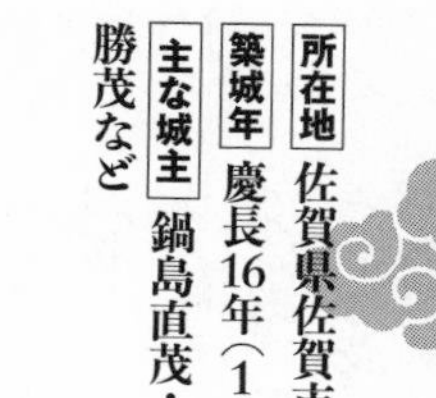

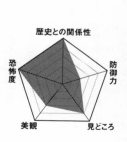

古くより日本各地には化け猫伝説があるが、江戸時代の佐賀城にも「化け猫騒動」と呼ばれる騒動があった。幕末には歌舞伎で上演されるほど有名なものだったらしい。

佐賀城は龍造寺氏が居城としていた村中城がその前身。天正《てんしょう》12年（1584）の沖田畷《おきたなわて》の戦いで当主の龍造寺《りゅうぞうじ》隆信《たかのぶ》が討死すると、重臣の鍋島直茂《なべしまなおしげ》に実権が移っていく。江戸時代に入り隆信の子や孫が死去すると、鍋島氏が名実ともに佐賀藩主となる。直茂は村中城の大改修を行い、慶長《けいちょう》16年（1611）、佐賀城が完成した。

さて没落してしまった龍造寺氏だが、その嫡流である又七郎《またしちろう》という人物が佐賀城下に住んでいたという。かつては鍋島氏にとって主家の人物であるはずだが、主従関係が逆転し、客分として鍋島氏に臣従していた。ある日、二代藩主・鍋島光茂《みつしげ》は、碁の名人である又七郎を城に呼び、碁を打っていた。しかし光茂は何度やっても又七郎に勝てない。そんな光茂

騒動の後、斬られた化け猫は自分を斬った千布本右衛門の子孫に祟りをなした。子孫たちは化け猫を鎮めるため、菩提寺に猫塚を築いたという（秀林寺・白石町提供）

を又七郎が馬鹿にするような態度をとったために光茂が激昂。その場で又七郎を斬り殺してしまった。その様子を見ていたのが又七郎の飼い猫である。猫は斬り捨てられた又七郎の首をくわえて、彼の母に届けた。嘆き悲しんだ母は、鍋島氏への恨みとともに自害してしまったのだ。この又七郎と母の恨みがそのまま飼い猫にとりつき、化け猫となった。化け猫は光茂の妻にもとりついて光茂を大いに苦しめ続け、最後は光茂の家臣によって退治されたという。

　この御家騒動を脚色した歌舞伎作品は江戸の庶民に人気を博した。佐賀藩は度々上演中止にするよう要請したが、かえって化け猫伝説が広まる結果になったという。

北《きた》ノ《の》庄《じょう》城《じょう》

見た者を必ず殺す猛将の亡霊

所在地 福井県福井市中央
築城年 天正3年（1575）
主な城主 柴田勝家

勝家の最期は、腹を十文字に斬り臓物を引きずり出して秀吉軍に投げつける壮絶なものだったという。写真は城跡に建つ柴田神社の勝家像

天正《てんしょう》11年（1583）、賤ヶ岳の戦いで羽柴（豊臣）秀吉に敗れた柴田勝家《しばたかついえ》。居城・北ノ庄城で秀吉軍に包囲され、妻のお市の方とともに自害した。これ以降、勝家の命日である旧暦4月24日の丑三つ時に、北ノ庄城下には首のない馬に跨る首なし武者の行列が現れるようになる。勝家の怨念によるものという。見た者は必ず死ぬとされ、北ノ庄城を任されていた丹羽長秀《にわながひで》はこの行列を見た翌朝から原因不明の高熱にうなされ、2年後に自害。また行列に遭遇した老婆は見ないようにして逃げたが、後日それを他人に話してしまったため、1年後の同じ日に死んでしまう。行列を絵に描いた表具師・佐兵衛は絵を描き上げた翌朝、のどを血に染めて死んでいたという。

駿《すん》府《ぷ》城《じょう》

大御所の城に現れた奇妙な妖怪

所在地 静岡県静岡市葵区駿府城公園
築城年 天正13年（1585）
主な城主 徳川家康・慶喜など

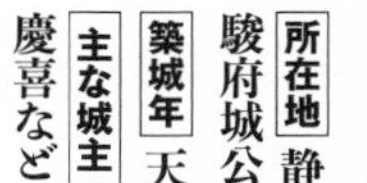

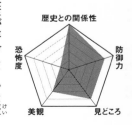

鳥山石燕が『画図百鬼夜行』に描いたぬっぺふほふ。いくら力が増すとはいえ、これを食べるのは遠慮したいものである

徳川家康の隠居城として知られる駿府城。家康が存命していた慶《けい》長《ちょう》14年（1609）、城内で不思議な生き物が目撃された。子どものように小さく、指のない手を上にのばした、肉の塊のような生き物であったという。報告を受けた家康は城外に追い出すよう命じた。これは一説によると肉人「ぬっぺふほふ」という妖怪であると伝わる。また中国の古書『白澤図《はくたくず》』に記述のある「封《ほう》」という物で、食べれば力が増し、武勇に優るといわれるものであったとも。このことは徳川氏の正史『徳川実紀《とくがわじっき》』にも記述があるため、それらしい何者かが現れたのは間違いないようだ。現在でもオカルトマニアの間で宇宙人説として語られるなど、有名なエピソードでもある。

城が呪術で守られていたって本当?

築城はその当時の最先端の建築技術を駆使して行われた。防備を強固にするために縄張りに工夫をこらしているが、その一方で城の守りを呪術に頼っていた部分もあった。

例えば鬼門除け。築城者は方位を意識することが多く、城の北東の隅にあえて屈曲を設けることがあった。これはこの方位が鬼門にあたる艮《うしとら》であるためだ。また現在でもよく見られる地鎮祭も行われた。築城場所には地主神がいるとされ、それを鎮めるためだ。城内に神社が祀られていたケースもある。

そして特に伝承が多いのは「人柱」である。城が無事に完成することを祈念して、生きた人間を埋めたというものだ。城が完成した後でも、石垣や建物の一部が壊れると、地主神の祟りであるとして人柱をたてることもあったという。しかしいずれのケースも伝説の域を出ない。発掘調査で人柱をたてたことを裏付ける痕跡が発見されていないからだ。人形が発見された例は多数あるため、生きた人間ではなく人形で代用した可能性はある。そのほか転用石といって、墓石や地蔵、五輪塔などを石垣に使用することもあった。資材不足を補う目的もあったようだが、呪術的に城を守るためともいわれている。墓石や石仏などには神仏が宿っているとされたようだ。

戦国時代は現在よりも呪いや祟りが強く意識された時代である。呪術の力で城をより強くしようとしていたことは、当時としては極めて合理的なことだったのかもしれない。

上田城(→P122)では、鬼門にあたる本丸北東の土塁をくぼませて、鬼門除けとしている

9章

ここも城なの？ あっと驚く光景が見られる城 10選

北の大地に群集するアイヌ民族の砦

根《ね》室《むろ》チャシ跡《あと》群《ぐん》

所在地 北海道根室市
築城年 16～18世紀頃
主な城主 不明

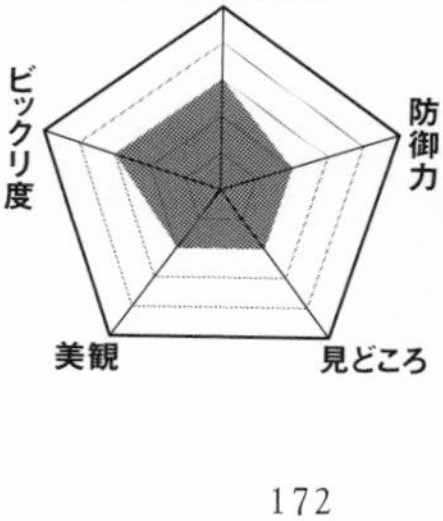

チャシとはアイヌ民族が築いた城のことで、アイヌ語で「柵囲い」を意味する。多くは16～18世紀に築かれたとされ、北海道の約５００か所に分布している。軍事施設だっただけでなく、祭祀や見張り、談判の場でもあったとされる。

根室市内にはこのチャシが32か所に密集しており、このうち24か所が「根室半島チャシ跡群」として国の史跡に指定されている。「日本１００名城」にも選ばれており、日本の最北に位置する城といえる。自然の地形を利用した構造が特徴で、多くは海を臨む崖上に半円形や方形の堀をめぐらせた「面崖式」だ。

現在、見学可能なのはヲンネモトチャシ跡とノツカマフ1・2号チャシ跡のみ。ヲンネモトチャシ跡は温《おん》根《ね》元《もと》湾西岸の岬の先端にある。盛土をして濠で区画し、その頂上部分に2か所の平坦地を造っている。東側の温根元漁港から見ると、お供え餅のようにも見える。

ヲンネモトチャシ跡。オホーツク海に面した断崖上に堀と曲輪を造ったシンプルな構造だ

ノッカマフ1・2号チャシ跡はノッカマップ湾に突き出した岬の上にある。1号は幅5m、深さ約3mの半円形の堀がふたつ連結。2号は幅約3m、深さ約0・5mの半円形の浅い堀がめぐらされている。

これらのチャシは寛政《かんせい》元年（1789）、国後島《くなしりとう》や羅臼《らうす》、標津《しべつ》地方のアイヌ民族が蜂起し、この地域を支配していた和人71人を殺害した、クナシリ・メナシの戦いとの関連性も指摘されている。この時捕らえられたアイヌ民族37人は、ノッカマフで処刑された。現在も殺害された和人71人の墓碑が納沙布岬《のさっぷみさき》に建っており、毎年9月には、犠牲者を供養する「イチャルパ（アイヌ語で供養祭）」が開催されている。

水《み》戸《と》城《じょう》

線路や県道によって分断された御三家の城

所在地 茨城県水戸市三の丸
築城年 建久元年（1190）？
主な城主 馬場資幹・徳川頼房など

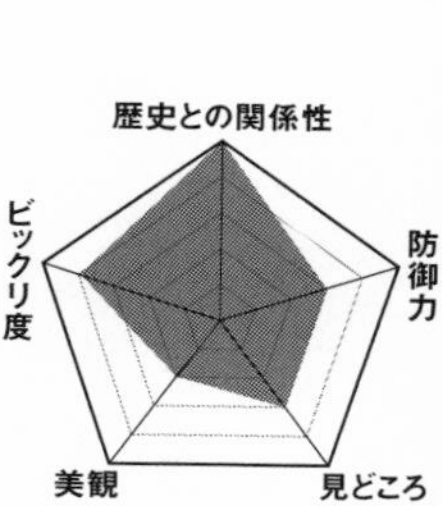

徳川御三家のひとつ、水戸徳川家の居城として知られる水戸城。当時を知ることができる遺構は多いが、現在は意外な姿になっている。

鎌倉時代、馬場資幹《ばばすけもと》によって築かれたとされる馬場城が水戸城の前身。応永《おうえい》23年（1416）の上杉禅秀《うえすぎぜんしゅう》の乱で馬場氏が鎌倉幕府に敗北し、江戸通房《えどみちふさ》が入城。以後は江戸氏の居城となる。天正《てんしょう》18年（1590）の豊臣秀吉の小田原攻めの後には佐竹氏の居城となり、水戸城と改称される。関ヶ原の戦いの後は徳川家康の五男・武田信吉《たけだのぶよし》、次いで十男・頼宣《よりのぶ》が入城。慶長《けいちょう》14年（1609）、家康の十一男・頼房《よりふさ》が入城して大改修を行い、現在の姿になった。以後は水戸徳川家の居城として明治維新を迎える。

那珂川と千波湖に挟まれた台地の先端に位置し、東二の丸、本丸、二の丸、三の丸が連郭式に配置されているのが特徴。徳川御三家の城であるにも関わらず、天守が造られず、二

JR水郡線の路線となっている本丸の堀。タイミングがよければ、堀を走る電車という珍しい光景も見られる

の丸の御三階櫓をその代用とした。石垣もなく、土塁と空堀だけで構築され、ほかの御三家の居城に比べて質素であった。

曲輪間を分断する巨大な空堀がほぼ完全な形で現存する。現在、本丸と二の丸の間の深い空堀にはＪＲ水郡線が走っている。城の中心部を鉄道が貫いているのだ。二の丸と三の丸の間の空堀は県道２３２号線として使用されている。本丸跡は現在、茨城県立水戸第一高等学校の敷地に。城下町には、佐竹氏時代に建立されたとみられる薬医門が移築されている。また、三の丸跡には九代藩主・徳川斉昭《なりあき》が建設した藩校・弘道館が残るほか、茨城県立図書館や水戸警察署などの公共施設も多く建ち並ぶ。

迫り来る異国船から江戸を守る砲台

品《しな》川《がわ》台《だい》場《ば》

所在地 東京都港区台場ほか
築城年 安政元年（1854）
主な城主 江戸幕府

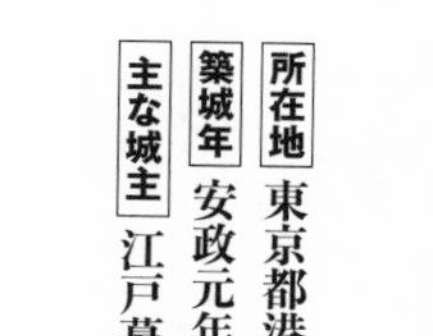

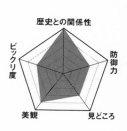

レジャースポットとして人気のお台場。現在は一部が公園として開放されているが、その起源は江戸時代末期であり、建造目的も今からでは想像もできないものだった。

嘉永《かえい》6年（1853）、アメリカのペリー艦隊が浦賀に来航。ペリーは浦賀奉行所の制止を振り切って江戸湾に侵入した。危機感を抱いた幕府は江戸と江戸城の防備のため、品川沖に砲台（台場）11基の建設を計画。多角形の砲台を海上に2列に並べて死角をなくし、江戸城下への接近を試みる船に多方向から砲撃を加える仕組みだった。品川の御殿山を崩した土砂を用いて、工事は急ピッチで進められた。翌年には一番、二番、三番、五番、六番台場が完成。しかしこの年の5月、幕府は建設を中止してしまう。日米和親条約締結により、神奈川台場や箱館の五稜郭（→P24）の建設を急いだためだ。品川の台場は放置されたが、1928年に第三台場が台場公園となり、平成に臨海副都心として生まれ変わる。

現在、台場公園として開放されている第三台場。石垣をめぐらせた土塁や火薬庫跡などが見学できる

現在は第三、第六台場が残されており、第三台場は公園として見学もできる。レインボーブリッジの上からは全景を見わたすことも可能。一辺が約160mの正方形で、周囲の石垣は海面から5～7m。その上端に見られる跳出石垣は、砲撃に備えて石垣の上に土塁を盛り上げるために考案された手法だ。忍び返しの役割もあり、ここ以外では五稜郭などでしか見られないもので必見ポイントのひとつだ。すり鉢状になった台場の内部では陣屋跡のほか、石室に木造の収納庫を設けた火薬庫跡も当時のままの姿で残っているので見ておきたい。土塁の上には復元された砲台跡もあり、当時の様子を知ることができる。

岩《いわ》殿《どの》城《じょう》

むき出しの巨岩上に建つ武田氏屈指の要害

所在地 山梨県大月市賑岡町畑倉
築城年 天文元年（1532）？
主な城主 小山田信有・信茂など

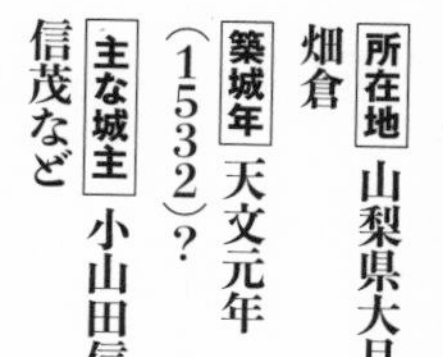

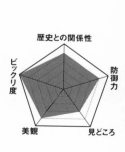

東京方面からJR中央本線に乗り、大月駅にさしかかるところで右の車窓を見ると、巨大な岩山が目に飛び込んでくる。岩肌がむき出しの岩壁に圧倒されるが、この上にあるのが岩殿城。桂川と葛野川とが合流する地点の西側に位置し、東西にのびる岩山をそのまま城にしている。急傾斜の絶壁に囲まれ、甲州屈指の堅固さを誇る城だ。

9世紀末に天台宗岩殿山円通寺として開創されたと伝わっており、その後、城となった。築城者は武田氏の家臣・小山田氏とされるがさだかではない。天文《てんぶん》元年（1532）頃の築城といわれるがこれもはっきりしない。築城の経緯も不明だが、眺望のよさから周辺の情報収集の場として使用されたようだ。天正《てんしょう》10年（1582）、織田氏が甲斐に侵攻した際、城主であった小山田信茂《おやまだのぶしげ》は武田勝頼にこの岩殿城で抗戦することをすすめた。しかし信茂の寝返りで勝頼は入城できず、天目山で自害することになる。

山麓から見上げた岩殿城。山全体に巨岩が連なり、登城を躊躇するほどの威容を見せつけている

岩殿城の南側に位置するこの巨岩は鏡岩と呼ばれる。なんと一枚岩で、高さは約150m。急峻な山容に登るのを躊躇してしまうが、山腹にハイキングコースが設置されているので見学は可能。トレッキングコースとしても人気があるようだ。見どころは、巨大な自然石を利用して作られた揚《あげ》城戸《きど》跡。ここには上下に開閉する格子戸が置かれていた。主郭の東側に残る堀切跡や、馬場跡、烽火台跡なども必見だ。また山頂から富士山がよく見え、大月市の秀麗富嶽十二景や山梨百名山に選ばれている。

岩殿城がある岩殿山は標高約634m。東京スカイツリーと同じ高さということで一時期話題になった。

本《もと》栖《す》城《じょう》

溶岩の石積みが残る樹海の城

所在地 山梨県南都留郡富士河口湖町本栖
築城年 不明
主な城主 九一色衆

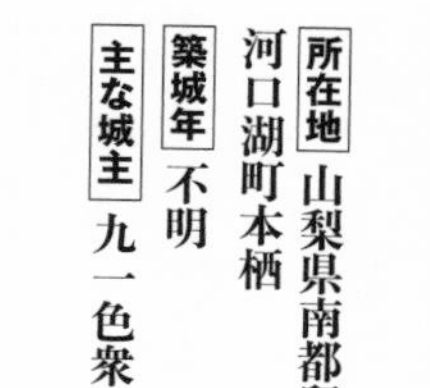

富士山の麓に広がる広大な原生林・青木ヶ原樹海。富士箱根伊豆国立公園に指定された、貴重な自然が多く残されている場所だ。トレッキングや散策の場として人気がある一方、自殺の名所としても知られている。そんな場所にもかつては城が存在した。

富士五湖のひとつ、本栖湖に近い烏帽子岳から青木ヶ原樹海にかけて半島状にせり出した尾根上にある本栖城。築城年は不明だが、武田信玄・勝頼の時代に、駿河との国境防備のために築かれたと考えられている。武田氏滅亡後は北条氏や徳川氏もこの城を使用しており、その重要度の高さがうかがい知れる。

城下には甲斐府中と駿河を結ぶ中道往還（現在の国道１３９号）が通る。軍用路や物資輸送路として活用されていた道で、城はその抑えの役割も果たしていたと推測できる。尾根上の細長い平坦地を巧みに利用し、尾根沿いに曲輪を配置。尾根を断ち切って作った堀

主郭からの眺望。広大な青木ヶ原樹海と富士山という壮大な絶景が楽しめる

切をいくつも連続させて防御を固めており、深いもの、浅いもの、岩盤を削ったものなどその形態はさまざまだ。曲輪間をつなぐ通路の多くは北側（甲斐側）に設けられている。南側（駿河側）からの侵攻に備えたものと推測でき、甲斐側を内、駿河側を外としたものである。これは武田氏のほかの城にも見られる築城思想だ。富士山の麓らしく、溶岩を積み上げた石塁が随所に見られるのも特徴のひとつ。これらの溶岩は樹海から持ち込まれたもの。麓の樹海エリアにも溶岩の石塁が残されており、東海自然歩道から見学が可能だ。まさに溶岩で造られた城といえる。主郭は富士山麓の雄大な眺めや精進湖《しょうじこ》が望める絶景スポットだ。

福《ふく》井《い》城《じょう》

堀と石垣に守られた要塞のような県庁舎

所在地 福井県福井市大手
築城年 慶長11年（1606）
主な城主 結城秀康・松平忠昌など

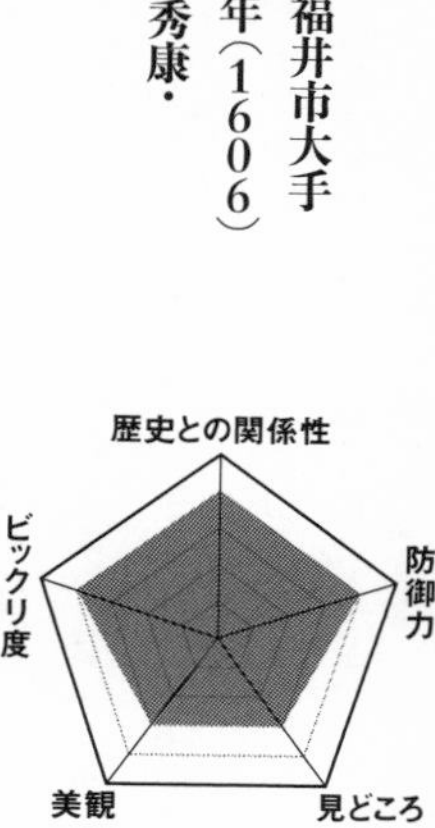

明治維新の後、廃城令によって取り壊された城は多い。なかには新たに設置された県の政庁として使用されたところもあるが、福井城は全国的に見てもちょっと珍しい。なんと本丸が県政の中枢として使用されているのだ。

織田信長から越前を与えられた柴田勝家《しばたかついえ》が築いた北ノ庄城（→P168）が前身。関ヶ原の戦い後、徳川家康の次男・結城秀康《ゆうきひでやす》が大改修を行い福井城となった。本丸には四重五階の天守がそびえ、天守台を含めると37mの高さがあったとされる。その本丸を中心に、水堀が幾重にもめぐらされた五重の曲輪からなる巨大な城だ。寛文《かんぶん》9年（1669）の大火で天守が焼失。その後再建されることなく明治維新を迎えた。明治《めいじ》4年（1871）、城内の建物は破却や競売の対象となり、外堀は埋め立てられた。現在は本丸の天守台と石垣、内堀だけが残されている。天守台の石垣は大きく歪んでいる。これは1948年の福井地

上空から見た福井城。幅の広い水堀と石垣に守られた庁舎は、まさしく「日本最強の県庁」である

震の被害によるものだ。

大正《たいしょう》12年（1923）、本丸跡には福井県庁舎が建てられ、1981年に現在の庁舎に生まれ変わった。堀と石垣に囲まれた姿は、「日本一堅牢な県庁」といえそうだ。

また本丸跡には福井県議会議事堂、福井県警察本部も並ぶ。県庁舎の正面には、内堀にかかる御本城橋があり、渡りきったところが本丸の大手門があった場所だ。朝、県庁職員がこの橋を渡って出勤するシーンは、藩士たちの登城とオーバーラップしてなんとも不思議な光景だといわれる。

堀の周囲の「歴史のみち」では、日本海側の城では最大規模といわれる石垣をじっくりと観賞できる。

三《み》原《はら》城《じょう》

構内から直接天守台に降りられる最強の駅近城

所在地 広島県三原市城町
築城年 永禄10年（1567）
主な城主 小早川隆景・浅野長吉など

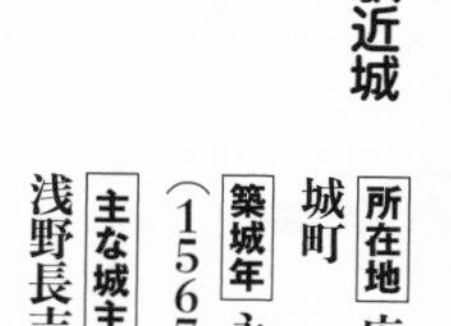

JR三原駅の改札を出て構内を少し歩くと「三原城天守台跡」という文字が目に入る。ここが三原城天守台への唯一の入口で、ほかに天守台に行くルートはない。駅直結、日本一最寄り駅から近い天守台である。これは山陽本線と山陽新幹線が城を貫くように敷設されているため。三原駅は三原城の天守台を跨いだ状態で建てられているのだ。

三原城は永禄《えいろく》10年（1567）、小早川隆景《こばやかわたかかげ》によって築城された。三原湾内の小島を石垣で連結して城域とし、海に向かって舟入を設け、軍港としての機能も持っていた海城だ。満潮時には海に浮かんでいるようにも見えたという。そのため「浮城」とも呼ばれた。その後は福島氏や浅野氏によって補強・改修が行われてきた。最盛期には天守台を持つ本丸、二の丸、東側に三の丸と東築出、西側に西築出があった。天守台は江戸城と同規模の面積であったが、天守は一度も建築されることがなかった。

三原駅の北口。城の石垣を通って駅に入るという、全国でも類例がない駅の入口である

明治《めいじ》6年（1873）に廃城。日清戦争開戦の年である同27年（1894）、山陽鉄道（現在の山陽本線）の三原－広島間が開通した際、天守台跡に三原駅が開業。当初は城を迂回する案も検討されたが結局、城を寸断する形での敷設となる。これは、城よりも北側には山が迫っていて鉄道敷設が困難だったため。現在は埋め立てられているが、南側も海に面していたため、城跡が最も適していると判断されたという。この時、本丸や二の丸などは取り壊され、海側の水堀も埋め立てられてしまった。現在は天守台跡とその周囲をめぐる堀、駅南側にある船入櫓跡の石垣と本丸中門跡のみが当時の様子を知る手がかりとなっている。

新幹線ホームの眼前にそびえる復興天守

福《ふく》山《やま》城《じょう》

所在地 広島県福山市丸之内
築城年 元和8年（1622）
主な城主 水野勝成など

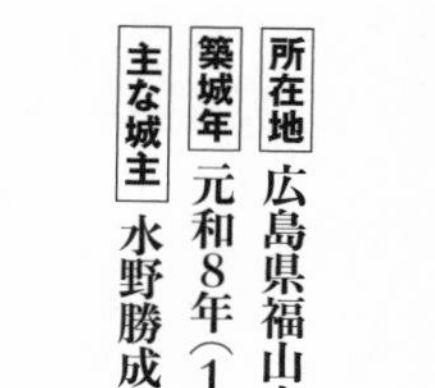

山陽新幹線の福山駅のホームに降り立つと、すぐ目に入る福山城。駅と城が隣同士のようにも思えるがそうではない。城のなかに駅があるのだ。一体なぜ…？

福山城は元和《げんな》5年（1619）、江戸幕府が毛利氏をはじめとする西国大名を牽制するために、徳川家康の従兄弟である譜代大名・水野勝成《みずのかつなり》に築城を開始させた。一国一城令下での新城築城は異例であったという。芦田川のデルタ地帯、標高約20mの微高地に築かれた平山城で、京都の伏見城（→P164）の櫓や城門、湯殿などが移築された。これは徳川の城であることをアピールするためだったといわれる。福山藩10万石の禄高にはそぐわない巨大城郭で、築城に際しては幕府から金1万2600両が貸与支援されており、幕府がいかにこの城を重要視していたかがうかがえる。

宝永《ほうえい》7年（1710）に阿部正邦《あべまさくに》が入城し、以降阿部氏が城主を務めた。明治《めいじ》元年

山陽新幹線のホームから見た福山城。石垣の真横を電車が通り抜ける光景は、福山城ならではのものだ

（1868）、新政府軍の侵攻を受けるが本格的な戦闘を行う前に開城。同6年（1873）に廃城となる。

明治24年（1891）、山陽鉄道が福山まで開通した際、三の丸あたりに福山駅が開業した。当初は城を迂回する案もあったが、最終的に最短ルートである城域に鉄道が敷かれることになった。これは福山出身の学生たちが「福山の発展のためには早期に鉄道を敷設し駅を開業させるべきだ」と訴えたためと伝えられている。

建造物の多くは福山空襲で焼失したが、伏見城から移築された伏見櫓、筋鉄御門などは焼失をまぬがれた。復元された天守や月見櫓なども見応えがある。

能島城は、島全体を三段に削平し、船着き場などを設けた。堀や土塁などの防御施設は確認されていない

島をまるごと改造した水軍の城

能《の》島《しま》城《じょう》

所在地 愛媛県今治市宮窪町宮窪
築城年 室町時代
主な城主 能島村上氏

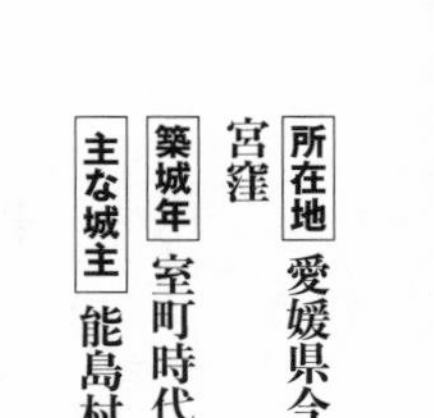

瀬戸内海には大小多くの島が点在する。かつて海を支配する土豪たちが島々に活動拠点を置き、軍事的な砦や関所を設けていた。能島城は村上水軍で知られる能島村上氏の居城で、周囲1㎞にも満たない島全体を要塞化している。島の中心の高台に本丸を置き、それを囲むように階段状に曲輪が設けられた。周辺は潮が渦を巻き、流れも速く、岩礁にも囲まれた天然の要害だ。船を接岸するための桟橋が島を取り囲むように設けられていたと推測されており、岩礁にはピット（柱穴）が規則正しく掘られている。

天正《てんしょう》16年（1588）、豊臣秀吉の海賊停止令《かいぞくちょうじれい》により廃城。その後は無人島となったため、多くの遺構が良好に残っている。

清水山城本丸からの眺望。天気がよければ、遠くに釜山を見ることができる

清《し》水《みず》山《やま》城《じょう》

朝鮮半島を遠望する前線基地

所在地 長崎県対馬市厳原町西里
築城年 16世紀末
主な城主 豊臣秀吉

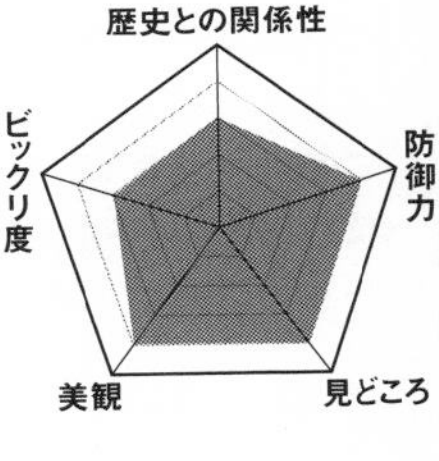

長崎の対馬には石垣造りの清水山城がある。天正《てんしょう》19年（1591）、朝鮮出兵に際し、豊臣秀吉が宗義智《そうよしとも》らに築かせた城だ。秀吉軍の本営である肥前名護屋城（→P16）から朝鮮半島に至る海路上に位置しており、「つなぎ」の城としての役割があったと考えられる。

清水山の尾根上に位置し、山頂の本丸から三段構えで曲輪を配置。登り石垣がそれらを直線的につなぐ構造だ。これは朝鮮半島に築かれた倭城の縄張りに類似しており、秀吉の命で築城されたことを示している。本丸には内枡形虎口や櫓跡と見られる基壇が残る。背後のやや離れた位置には、尾根伝いの侵入に備えた堀切が2本現存。本丸は対馬市街や厳原港を一望できる眺望のよい場所だ。

チャシとグスク

北海道と沖縄は古くはそれぞれ「蝦夷」「琉球」と呼ばれ、独自の文化を形成してきた。城についても、日本のほかの地域のものとは異なる独特の城郭が見られる。

蝦夷にはアイヌ民族が築いた「チャシ」という城が多数存在した。チャシとはアイヌ語で「柵囲い」のこと。チャシは海や湖など、急峻な場所に築かれることが多かった。土塁や堀切、虎口などを設けており、構造上は日本の城との共通点が多い。しかし祭祀や寄り合い、談判の場など軍事以外の目的にも使用されていた点が異なる特徴といえる。多くは16〜18世紀に築かれたとされ、現在北海道では約500か所のチャシ跡が確認されている。なかでも根室チャシ跡群（→P172）は日本100名城にも選ばれており、保存状態の良好な大規模なチャシを見ることができる。

琉球の城は「グスク」と呼ばれる。琉球統一をめぐる争いが起こった14〜15世紀に盛んに築かれた。「グ」は石を、「スク」は聖域を意味しており、石囲いの聖域が本来の意味だ。そのためグスクの内部には神に祈りを捧げるスペースが設けられている。琉球石灰岩を使った石塁を曲線状にめぐらせて城壁としている点は本土の城と異なる特徴のひとつ。また石垣の導入は本土よりも200年ほど早いともいわれる。石造りのアーチ門が見られるのもグスクならではだ。現在沖縄本島には約220のグスクが残っており、首里城（→P28）や今帰仁城（→P80）など世界遺産に登録されているものもある。

グスクは、軽く加工しやすい琉球石灰岩を用いて、地形にあわせた石垣を築く。写真は勝連城（沖縄県）

10章

歴史情緒あふれる城下町が残る城 10選

角館城《かくのだてじょう》

江戸時代に迷い込んだような感覚になれる武家屋敷通り

所在地 秋田県仙北市角館町古城山
築城年 室町時代？
主な城主 戸沢盛安・佐竹義隣など

城下町としての角館は、中世末期に戸沢盛安《とざわもりやす》が標高166mの古城山に城を築いたのがはじまりとされる。ただし、創建時期については諸説ある。また、はじめは北側の山麓に城下町を築いたが、江戸時代に入府した蘆名義勝《あしなよしかつ》は城下町の位置が不利だと考え、元和《げんな》6年（1620）に古城山の南側に新しい城下町を建設。この年に出された一国一城令により角館城は廃城となり、城主は城下町に居住するようになった。現在残されている城跡は東西約600m、南北約100mの急峻な丘陵上にある。城の北東側には院内川、北西側には檜木内川が流れていて、堀の役割を果たしている。

その後、蘆名氏が断絶すると明暦《めいれき》2年（1656）より佐竹義宣《さたけよしのぶ》の甥、佐竹北家の義隣《よしちか》が角館を支配することになる。以後、明治維新までの200余年、佐竹北家が十一代にわたりこの地を治めた。初代の義隣と二代目の義明《よしあき》の奥方が京の公家の出であったことから、

城へ続く通りには、佐竹氏に仕えた武士の屋敷が並ぶ（田沢湖・角館観光協会提供）

町の造りに京文化の影響が見られる。

城下町は、「火除け」と呼ばれる広場を中心として、北の内町には武士が住み、南は外町と呼ばれる町人や商人が暮らす地域となっていた。現在の角館には、特に武家屋敷が集まっていた内町で江戸時代頃の町並みが多く残されている。内町へは角館駅から徒歩10分ほど。城下町の特徴である枡形が残されているうえ、通りには立派な黒塗りの透かし塀や簓子塀《ささらこべい》が続いている。立派な薬医門が並ぶ通りを歩いていると、時代劇のなかに迷い込んだ気分に浸れるだろう。「石黒家」「角館歴史村・青柳家」「岩橋家」「松本家」「河原田家」など、多くの武家屋敷が実際に見学することができる。

川《かわ》越《ごえ》城《じょう》

川越商人が発展させた蔵造りの街並み

所在地 埼玉県川越市郭町
築城年 長禄元年（1457）
主な城主 太田道灌・松平信綱など

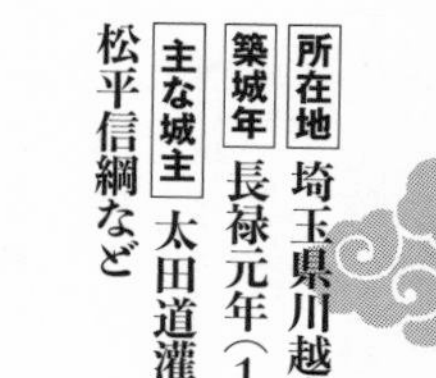

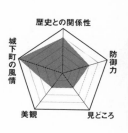

現在の川越の町は、太田道真《おおたどうしん》・道灌《どうかん》父子が長禄《ちょうろく》元年（1457）に川越城を築いたのに伴い、大手集落を現在の川越市上戸に移したのがはじまりである。太田氏の後には扇谷《おうぎがやつ》上杉氏が入城し、武蔵経営の要とした。だが道灌が主家の上杉定正《うえすぎさだまさ》に殺されると、北条氏に攻められ落城する。その後、北条氏が治めるようになり、城下集落は商業の町として発展。北条氏が豊臣秀吉によって滅ぼされると、関東の地は徳川家康が治めた。その後、川越城は江戸城の第一防衛線として、代々親藩・譜代大名が城主となり明治維新まで続いている。城の遺構は本丸御殿が当時のまま保存されていて、内部見学ができる。そのほかにも、富士見櫓台やわずかな土塁や空堀の跡がある。

江戸期以降になると、江戸の人口増加に合わせて川越の人口も急激に増加。江戸時代の後期になると、人口は1万人近くまで増え、立派な蔵造りの商家が建ち並んだ。その頃の

蔵造りの建物が並ぶ城下町に一際高くそびえるのは、城下に時を告げる「時の鐘」。火災で度々建て替えられているが、現在は四代目である

賑わいを今も垣間見ることができるのが、江戸時代には南町と呼ばれていた今の元町、幸町、仲町界隈だ。出格子造り、蔵造りの商家がズラリと建ち並んだ一角は「蔵造りの町並み」と呼ばれている。川越随一の観光スポットとなっていて、通りにはいつも大勢の人が行き交っている。この蔵造りの商家は1300戸を焼失した明治《めいじ》26年（1893）の川越大火でも、焼け落ちることがなかった。寛政《かんせい》4年（1792）に建てられた呉服問屋小松屋の大沢家住宅などは、江戸時代の豪商の生活を今に伝えてくれる。門前通りや菓子屋横町、鐘つき通りなど、昔ながらの風情を感じることができる景色が目白押しだ。

犬《いぬ》山《やま》城《じょう》

国宝天守を眺めながら楽しむ城下グルメ

所在地 愛知県犬山市犬山北古券
築城年 天文6年（1537）
主な城主 織田信康・成瀬正成など

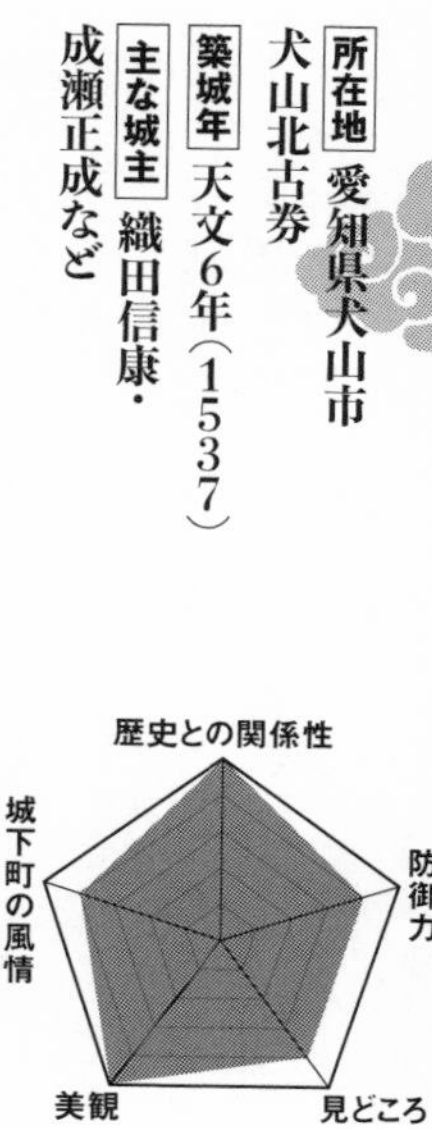

犬山の城下町には、現在も江戸時代と変わらない町割りがそのまま残されている。しかも江戸から昭和までの歴史的な建造物が、あちらこちらに並んでいるのだ。犬山城が築かれた際、城下を整備、拡張し、さらに町の発展を促すため中央部に町人町を形成。町人町を囲むように侍町を配置し、城下町の外周を木戸や堀、土塁等で取り囲む惣構《そうがま》えとした。城下町の中心であった本町通りには、昔ながらの建物を利用した飲食店や土産物屋が並ぶ。町の東外れにある寺内町通りには、本龍寺や西蓮寺、圓明寺などが並び、荘厳な雰囲気を醸し出す。名古屋へ通じる往還沿いには、犬山城主の成瀬氏に仕えた堀部氏の住宅が残され、随所に武家住宅独特の特徴が見られるのが素晴らしい。また、最近はかき氷やだんごなどのグルメが若い女性を中心に人気を集めている。

犬山城の前身となる城が築かれたのは、天文《てんぶん》6年（1537）のこと。それ以前にあっ

犬山の城下町では、SNS映えする和菓子やオシャレなカフェなど、グルメやショッピングも楽しめる

た木之下城（愛知県）を移し、現在の地に本格的な城が築かれた。築城者は織田信秀《おだのぶひで》の弟、つまり織田信長の叔父である信康《のぶやす》だ。現存する天守の二階部分までは、この頃に建てられたと考えられている。その後、信康の子の信清《のぶきよ》が城主となった。信清が信長と対立し追放された後は、池田恒興《いけだつねおき》や織田勝長《かつなが》が城主となる。さらに本能寺の変後は、織田信雄《のぶかつ》配下の中川定成《なかがわさだなり》が入った。

現存する天守が築かれたのは天正年間（1573〜92）、慶長《けいちょう》5年（1600）、慶長6年など諸説ある。現存天守のなかでは古式のもので、望楼型の天守最上階にある回廊に立てば、木曽川の流れや御嶽山、岐阜城や名古屋の駅ビルまで遠望できる。

和船でめぐる近江商人の町

八《はち》幡《まん》山《やま》城《じょう》

所在地 滋賀県近江八幡市宮内町

築城年 天正13年（1585）

主な城主 羽柴（豊臣）秀次など

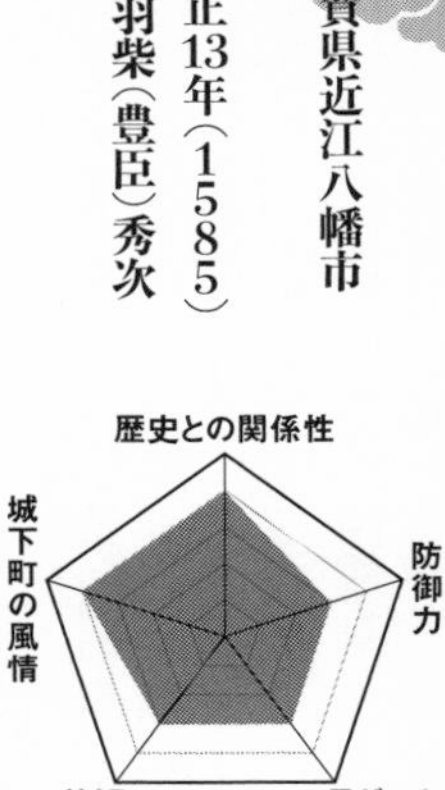

羽柴（豊臣）秀次は天正《てんしょう》13年（1585）、安土城（↓P10）の隣地にあった標高283mの鶴翼山（通称八幡山）山上に、八幡山城を築いた。山頂に城郭部分を設け、秀次の居館をはじめとする屋敷群は南側の山腹を平坦にならし、そこに集められた。屋敷と城郭をつなぐ大手道は、秀次の屋敷跡の出入口から家臣屋敷群のほぼ中央を直線的に抜けている。屋敷跡や尾根上の曲輪跡には石垣があり、築城時に開削されたと伝わる八幡堀が城の惣構《そうがま》えを形成する。さらに安土城の建物や城下町も移築したのであった。

天正18年（1590）には秀次は清洲城（愛知県）に移封《いふう》となり、代わって京極高次《きょうごくたかつぐ》が城主となる。しかし文禄《ぶんろく》4年（1595）に秀次は謀反の疑いを受け自刃。八幡山城は聚楽第（京都府）とともに廃城となり、高次は大津城（滋賀県）へと移る。だが城下町である近江八幡はそのまま残り、近江商人たちによって発展していった。城の守りを担った八

八幡堀では、屋形船で堀をめぐる「八幡堀めぐり」が行われており、四季折々の風景を水上から楽しむことができる

幡堀は、琵琶湖へと続く水路として活用された。この堀沿いには今も白壁の蔵や美しい意匠が施された町屋建物が軒を連ねており、景観の美しさから国の重要伝統的建造物群保存地区に選定されている。周辺を散策していると、時代劇の世界に迷い込んだ錯覚に陥ってしまうほどだ。

また新町通りには、江戸時代から近世にかけて活躍し、巨額の富を築いた近江商人の本宅が今なお軒を連ね、その栄光の歴史を味わうことができるのだ。永原町通りには、近江を代表する豪商の灰屋梅村甚兵衛《はいやうめむらじんべえ》の屋敷をはじめ漆喰や出格子、虫籠窓など凝った意匠が施された屋敷が軒を連ねている。近江八幡では見逃せない風景だ。

出石城《いずしじょう》

古代から但馬の中心を成した「小京都」

所在地 兵庫県豊岡市出石町内町
築城年 慶長9年（1604）
主な城主 小出吉英・仙石政明など

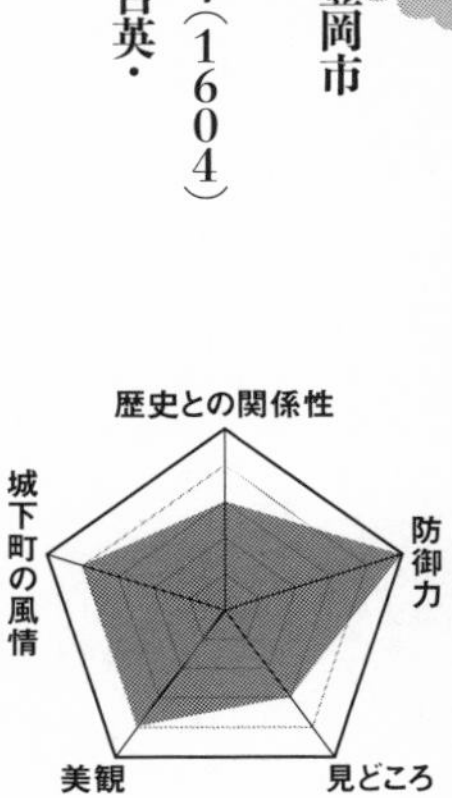

出石は『古事記』や『日本書紀』にも名前が見える古い町だ。室町時代になると山名時《やまなとき》氏《うじ》が但馬地方を制圧。子の時義《ときよし》の時代には、此隅山に本拠を置いた。この時義の孫が応仁の乱で西軍の大将を務めた山名宗全《そうぜん》である。だが戦国時代になると、山名氏は勢力を失い、山名祐豊《すけとよ》の時に羽柴（豊臣）秀吉に攻められ此隅山城（兵庫県）は落城。祐豊は城を有子山に移したが、天正《てんしょう》8年（1580）に秀吉の弟・秀長《ひでなが》に攻められ落城し、山名氏は滅亡する。秀長は城を木下昌利《きのしたまさとし》に守らせたが、その後は青木甚兵衛《あおきじんべえ》、前野長康《まえのながやす》と代わった。文《ぶん》禄《ろく》4年（1595）には、播磨の竜野からやって来た小出吉政《こいでよしまさ》が入城している。

慶長《けいちょう》9年（1604）、吉政の子・吉英《よしひで》の代になると、それまでの山上にあった有子山城の曲輪や天守が廃され、山麓にあった曲輪と館を出石城として幕府に届け出ている。同時に城下町も整備され、碁盤の目状の町割が形成された。その美しい姿は「但馬の小京都」

出石の街並み。街のシンボルである辰鼓楼は明治時代に創建されたもので、現在は三代目

と呼ばれている。元禄《げんろく》9年（1696）に小出英及《ふさつぐ》が3歳で亡くなると、無嗣改易《むしかいえき》となり代わって松平忠周《まつだいらただちか》が入城。だが宝永《ほうえい》3年（1706）に転封《てんぽう》となり、仙石政明《せんごくまさあきら》が入城。明治維新まで続いた。

　現在は兵庫県豊岡市に属している、人口2000人ほどの小さな城下町だ。町の基本的な作りは、今も江戸の頃と大きくは変わっていない。上級武士の居住区であった内町通りに面して建っている家老屋敷は、白亜の土塀と長屋門が目印で、江戸時代の風情を今に伝えてくれる。出石城旧三の丸大手門脇の櫓台にある「辰鼓楼《しんころう》」は、明治《めいじ》4年（1871）に太鼓を鳴らして時を知らせた町のシンボル。

臼《うす》杵《き》城《じょう》

古絵図の街並みがそのまま残る海城

所在地 大分県臼杵市大字臼杵丹生島
築城年 永禄5年（1562）
主な城主 大友宗麟・稲葉貞通など

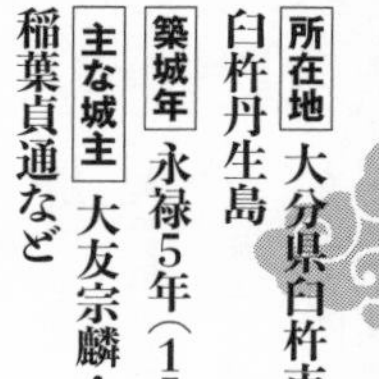

臼杵はキリシタン大名として知られている大友宗麟《おおともそうりん》が、永禄《えいろく》5年（1562）に築城した臼杵城の城下町として栄えた町。城は丹生島《にうじま》と呼ばれる孤島上に築かれ、堅固な守りを誇っていた。大友氏以降は福原直高《ふくはらなおたか》、太田一吉《おおたかずよし》が城主を務め、慶長《けいちょう》5年（1600）からは、美濃から入封した稲葉氏が廃藩置県まで十五代にわたり居城とし、臼杵藩を治めた。城は現在、ふたつの櫓と書院の庭園の一部、石垣などを残すだけだ。埋め立てにより海城の面影はなくなったが、臼杵公園として憩いの場となっている。

その一方、城下町には今も江戸時代に描かれた古地図のままの町割りが残っている。武家屋敷や商家、神社仏閣など昔からの建物も多い。なかでもかつては八坂神社が鎮座し、仁王門があったことから、現在は仁王座と呼ばれている付近の狭い路地に、重厚な門構えの武家屋敷、歴史を感じさせる神社仏閣などが多数残されている。廃寺を改修して無料休憩

城下町には商家や武家屋敷が並ぶほか、キリシタン墓地など大友氏時代の史跡も残る

所となっている旧真光寺の二階に上がると、それらの建物と石畳の路地が織りなす景観に目を奪われてしまうであろう。

廃藩置県の後、東京に移ってしまった旧藩主の稲葉氏が、里帰りした際の住宅として明治《めいじ》35年（1902）に建てた「稲葉家別邸（稲葉家下屋敷）」は、式台のある玄関や書院造りの奥座敷、謁見の間である表座敷など格式ある造りとなっていて、一見の価値がある建物だ。安政《あんせい》5年（1858）に竣工した龍原寺の三重塔は、臼杵生まれの名匠・高橋団内《たかはしだんない》が、奈良や京都の古い塔の長所をとり入れた、理想的な三重塔の図面を引いた。それを弟子の坂本《さかもと》荘右衛門《そうえもん》が監督し、10年かけて完成させた。

白石の春の風物詩「春まつり」。江戸中期の城主・片倉村休の頃から続く伝統あるまつりだ（白石市・蔵王町提供）

白《しろ》石《いし》城《じょう》

伊達政宗の右腕が治めた仙台藩の支城

所在地 宮城県白石市益岡町
築城年 平安時代末期？
主な城主 片倉景綱・村休など

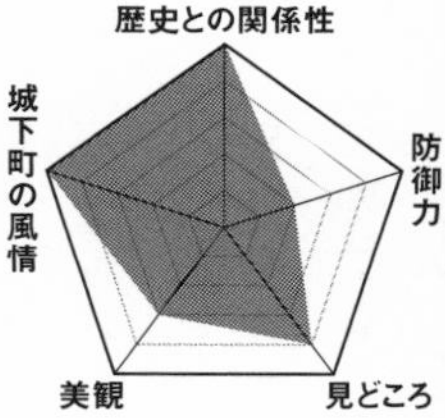

白石城の歴史は中世まで遡る。戦国時代には城主が何度か変わり、慶長《けいちょう》7年（1602）になると伊達政宗が重臣の片倉景綱《かたくらかげつな》（小十郎）に、仙台城（↓P92）の支城として1万8000石とともに与えた。元和《げんな》元年（1615）の一国一城令の後も例外として存続し、明治《めいじ》維新まで片倉氏の城下町として栄えた。現在は1995年に木造で再建された天守がそびえている。城の北側を流れる沢端川周辺はかつての武家屋敷地で、再建された屋敷門も見られ、今も当時の雰囲気を味わえる。大手町とJR白石駅の間は町屋があった地域。だが明治時代に大火があり古い建物はほとんど見られない。いくつかの土蔵と交差点に残る枡形《ますがた》が往時を偲ばせる。

最期の藩主・堀田正倫が造った旧堀田邸。佐倉城下には、ほかにも家臣の屋敷などが残されている

佐《さ》倉《くら》城《じょう》

多数の幕閣を輩出した北総の中心地

所在地 千葉県佐倉市城内町
築城年 天文年間（1532～52）？
主な城主 土井利勝・堀田正亮など

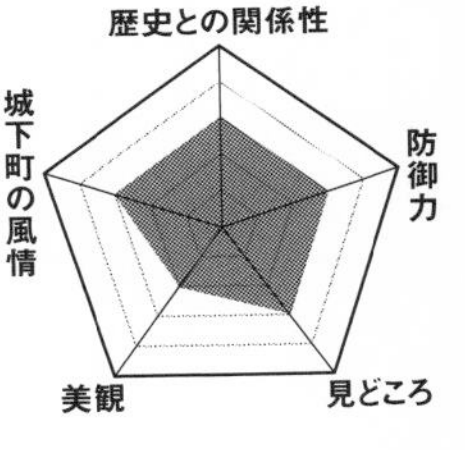

佐倉は古くから北総の拠点として栄えた地。中世になると有力武将の千葉氏が治めていた。江戸時代には幕府の有力譜代大名が佐倉城主を務め、多くの老中を輩出する。そんな佐倉の城下町には基本的な町割りが今も随所に残されていて、町を散策すれば数多くの史跡や古い建物が目に入る。なかでも「佐倉新町江戸まさり」と称された新町は、商工業者を住まわせるため意図的に造った中枢部分。江戸に勝るとも劣らないほどの町屋が立ち並び、横町、上町、二番町、仲町、肴町《さかなまち》、間の町で構成されていた。また旧河原家、旧但馬家、旧武居家住宅という、3軒の武家屋敷も残されている。それぞれ石高などが違うので、見比べるのも面白いだろう。

江戸時代の商家造りが残る城下町

大《おお》多《た》喜《き》城《じょう》

所在地 千葉県夷隅郡大多喜町大多喜
築城年 大永元年（1521）？
主な城主 本多忠勝・阿部正次など

城下町で質屋を営んでいた釜屋。大多喜城下にはこのような古い町屋がいくつか残っている

大多喜城は徳川四天王のひとりである本多忠勝《ほんだただかつ》が天正《てんしょう》18年（1590）に近世城郭に改修。同時に忠勝は、城下町の整備にも力を注いだ。城下の中心部を「根古屋七町《ねごやななまち》」と呼び、大多喜街道に沿って北から紺屋町・田丁《たまち》・猿稲町《さるいねまち》・久保町・桜台町・新丁《しんまち》・柳原町が造られた。商家の多い久保町・桜台町・新丁《しんまち》はたいへんな賑わいを見せていたという。現在もその名残が随所に見られる。嘉永《かえい》2年（1849）に建てられた渡辺家住宅は、国の重要文化財である。ほかにも江戸中期に建てられた城内御殿の薬医門、大多喜城の大手門の材料を使用したと伝えられる伊勢幸酒店、江戸時代に旅館として創業した大屋旅館など、見どころが多い。

萩《はぎ》城《じょう》

海を望む城下町で幕末志士の面影を追う

萩城下に残る高杉晋作生誕地。晋作の句碑や産湯の井戸などが残されている

所在地 山口県萩市堀内
築城年 慶長13年（1608）
主な城主 毛利輝元・敬親など

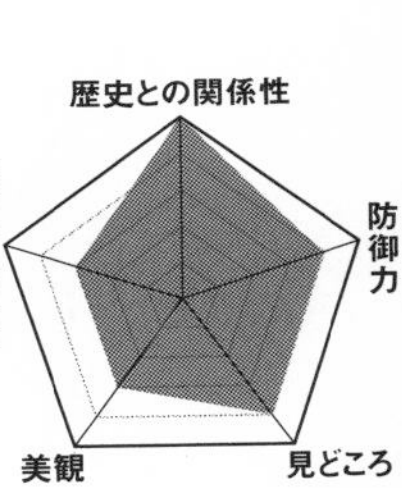

関ヶ原の戦いで西軍総大将を務めた毛利輝元《もうりてるもと》は、戦後に領地を大きく削られ広島から萩に移る。新たな城は松本川と橋本川が形成する三角州の北西端、海に突き出た指月山に築いた。そして三角州全体を城下町とした。三角州の内側は、現在でも江戸時代の地図が役に立つほど、当時の町がそのまま残されている。武家屋敷が集まっていた区画には、木戸《きど》孝允《たかよし》や高杉晋作《たかすぎしんさく》など幕末の志士の生家が残されていて、当時の光景を今に伝えてくれる。萩藩御用達商人が軒を連ねた道筋も、江戸時代後期とほぼ同じだ。大身の武家屋敷が集まる堀内地区には、今も鍵曲《かいまがり》と呼ばれる左右を高い土塀で囲み道を直角に曲げた独特な道筋があり、人気風景となっている。

イースト新書Q

Q070

「物語《ものがたり》」と「景観《けいかん》」で読《よ》む 日本《にほん》の城《しろ》100
かみゆ歴史《れきし》編集部《へんしゅうぶ》

2021年3月20日　初版第1刷発行

DTP　松井和彌
執筆協力　稲泉知、上永哲矢、野田伊豆守、松本壮平、山本ミカ
写真協力　かみゆ歴史編集部、国立国会図書館、Shutterstock、PIXTA、photolibrary
編集担当　岡田宇史
発行人　北畠夏影
発行所　株式会社イースト・プレス
東京都千代田区神田神保町2-4-7
久月神田ビル　〒101-0051
Tel.03-5213-4700　fax.03-5213-4701
https://www.eastpress.co.jp/
ブックデザイン　福田和雄（FUKUDA DESIGN）
印刷所　中央精版印刷株式会社

ISBN978-4-7816-8070-5